Reise Know-How im Internet

Aktuelle Reisetipps und Neuigkeiten
Ergänzungen nach Redaktionsschluss
Büchershop und Sonderangebote
Weiterführende Links zu über 100 Ländern

www.reise-know-how.de
info@reise-know-how.de

Wir freuen uns über Anregung und Kritik.

REISE KNOW-HOW

Frank Littek

Fliegen ohne Angst

Mein Herz und mein Gewissen schlägt
Lauter als der Propeller.
Du Flugzeug, das so schnell mich trägt,
Flieg schneller!
Joachim Ringelnatz

Impressum

Wir freuen uns über Kritik, Kommentare und Verbesserungsvorschläge.

Alle Informationen in diesem Buch sind vom Autor mit größter Sorgfalt gesammelt und vom Lektorat des Verlages gewissenhaft bearbeitet und überprüft worden.

Da inhaltliche und sachliche Fehler nicht ausgeschlossen werden können, erklärt der Verlag, dass alle Angaben im Sinne der Produkthaftung ohne Garantie erfolgen und dass Verlag wie Autor keinerlei Verantwortung und Haftung für inhaltliche und sachliche Fehler übernehmen.

Die Nennung von Firmen und ihren Produkten und ihre Reihenfolge sind als Beispiel ohne Wertung gegenüber anderen anzusehen. Qualitäts- und Quantitätsangaben sind rein subjektive Einschätzungen des Autors und dienen keinesfalls der Bewertung von Firmen oder Produkten.

Frank Littek
Fliegen ohne Angst
erschienen im
Reise Know-How Verlag Peter Rump GmbH
Osnabrücker Straße 79, 33649 Bielefeld

3. Auflage 2004

Gestaltung
Umschlag: G. Pawlak, P. Rump (Layout), G. Pawlak (Realisierung)
Inhalt: G. Pawlak (Layout), A. Schwarz (Realisierung)
Fotos: Frank Littek (li), Airbus Industry (ai), Alitalia (al), Deutsche BA (ba), Euroairport (ea), Boeing (bo), DaimlerChrysler Aerospace (dc), Emirates (em), Hennies/Flughafen München (he), Lufthansa (lh), South African Airways (sa), Swissair (sw), K. Werner (kw)

Druck und Bindung
Zakład graficzny COLONEL, Kraków

ISBN 3-8317-1283-2
Printed in Poland

Dieses Buch ist erhältlich in jeder Buchhandlung der BRD, Schweiz und Niederlande sowie Österreichs und Belgiens. Bitte informieren Sie Ihren Buchhändler über folgende Bezugsadressen:

BRD
Prolit GmbH, Postfach 9, D-35461 Fernwald (Annerod)
sowie alle Barsortimente
Schweiz
AVA-buch 2000, Postfach 27, CH-8910 Affoltern
Österreich
Mohr Morawa Buchvertrieb GmbH
Sulzengasse 2, A-1230 Wien
Niederlande, Belgien
Willems Adventure
Postbus 403, NL-3140 AK Maassluis

Wer im Buchhandel trotzdem kein Glück hat, bekommt unsere Bücher direkt bei: **Rump Direktversand,** Heidekampstraße 18, D-49809 Lingen (Ems) oder über unseren **Büchershop im Internet: www.reise-know-how.de**

Frank Littek

Fliegen ohne Angst

Inhalt

Eingebaute Sicherheit

Sichere Airlines

Richtiges Verhalten an Bord

Entspannungstechniken

Anhang

Sie haben dieses Buch gekauft, um mehr über die Fliegerei zu erfahren und Ihre Angst vor dem Fliegen besser in den Griff zu kriegen.

Die meisten unserer Gäste, Schätzungen gehen von über 60 Prozent aus, haben Flugangst. Einige versuchen, sich mit eifrigem Zeitungslesen abzulenken, die meisten aber haben latente Flugangst, mögen es jedoch nicht zugeben. Es gibt nur wenige, die so offen dazu stehen, wie Sie zum Beispiel und damit den ersten Schritt geschafft haben, sich dieser Angst zu entledigen.

Für viele ist die Fliegerei ein Buch mit sieben Siegeln. Wer kann sich schon erklären, wie ein Stahlkoloss von rund 400 t abhebt und 12–14 Stunden in der Luft bleiben kann? Auch für mich ist der Anblick einer startenden Boeing 747 jedesmal wieder atemberaubend.

Fliegen war noch nie so sicher wie heute. Die Unfallrate ist auf einem historischen Tiefstand, allen Unkenrufen der Medien zum Trotz. Dies ist der konstanten Weiterentwicklung von Flugzeugen, der Verbesserung des Pilotentrainings und der Optimierung der Luftraumüberwachung zu verdanken.

Vor einigen Jahren war auf einem unserer Flüge eine junge Frau an Bord, die vor ihrer Reise eine Therapie gegen Flugangst und Klaustrophobie (Platzangst) absolviert hatte. Als wir unsere Reiseflughöhe erreicht hatten, bekam sie dennoch Angstattacken und musste von unseren Flugbegleitern versorgt werden. Später kam sie zu uns ins Cockpit, damit wir beruhigend auf sie einwirken konnten.

Wir nahmen uns viel Zeit und erklärten ihr alles, was sie wissen wollte: warum ein Flugzeug in der Luft schaukelt, was die verschiedenen Geräusche bei Start und Landung zu bedeuten haben, wie ein Flugzeug geflogen und bedient wird und warum eine harte Landung manchmal besser ist als eine zu weiche. Sie sah also, dass Fliegen keine Zauberei ist.

Was anfangs noch Angst war, wich langsam einer zunehmenden Faszination. Nach der Landung war ihre Begeisterung riesengroß. Von Angst war nichts mehr zu spüren.

Dieses Buch wird Ihnen helfen, dieselbe Erfahrung zu machen wie unser Fluggast. Nachdem sie es gelesen haben, werden auch Sie mehr über Hintergründe der Fliegerei erfahren haben und so hoffentlich ein bisschen teilhaben können an der Begeisterung vieler Menschen weltweit, die tagtäglich in dieser Branche zuhause sind. Sie alle setzen ihre ganze Kraft und ihr ganzes Können ein, damit Ihr nächster Flug ein sicheres und schönes Ereignis für Sie wird.

001-fl Abb.: ja

Capt. Eckhard Jann

Das beste Rezept, dieses Buch kennen zu lernen ist natürlich, es von der ersten bis zur letzten Seite zu lesen. Aber mit dem Lesen alleine ist es noch nicht getan. Insbesondere für die Entspannungstechniken gilt, dass diese am ehesten beherrscht, wer sie beständig übt. Die entsprechenden Kapitel können darüber hinaus demjenigen, der „seine" Technik noch nicht gefunden hat, dabei helfen, eine individuell passende Methode zu finden.

Insbesondere bei den Kapiteln über das Fliegen wurde das Buch so konzipiert, dass es als ständiger Begleiter auf einer Flugreise verwendet werden kann. Im Text, aber auch in den Kästen und Zusatzinformationen findet sich so manche Information, die Flugangst lindert, zudem aber vielleicht auch als unterhaltsam und spannend empfunden wird und auf diese Weise hilft, die Flugreise angenehmer zu gestalten.

Einen entspannten Flug wünscht Ihnen

Frank Littek

098-fl Abb.: lh

Flugangst

Eine kleine Theorie der Flugangst

Rund 7000 Menschen sterben in jedem Jahr allein in der Bundesrepublik bei Unfällen im Straßenverkehr. Ein Jahr hat rund 8760 Stunden. Rein statistisch gesehen, stirbt also beinahe alle 75 Minuten ein Mensch auf Deutschlands Straßen. Im Luftverkehr kamen 2001 weltweit 577 Menschen ums Leben. Legt man bei allen möglichen Verkehrsmitteln die zurückgelegten Kilometer zugrunde und stellt einen rechnerischen Zusammenhang mit den Unfällen her, ergibt sich, dass Fliegen selbst noch sicherer ist als eine Fahrt mit dem Zug. Möglich wurde dies auch durch die rasante Entwicklung des technischen Fortschritts gerade im Bereich des Luftverkehrs.

Trotzdem haben viele Menschen Flugangst. Rund 60 Prozent sollen es sogar nach Schätzungen von Psychologen sein, während nur eine verschwindend kleine Minderheit Angst vor einer Fahrt mit dem Zug oder gar dem Auto spürt, obwohl gerade hier ein besonders hohes Risiko auf jeden Verkehrs-

▼ Passagierverkehr 1919. Das Fernglas vor dem Bauch des Piloten ist übrigens kein Scherz. Es war ein unentbehrliches Mittel der Navigation.

002-fl Abb.: fh

teilnehmer lauert. Die wirkliche Sicherheit eines Verkehrsmittels steht also hier im umgekehrten Verhältnis zu dem, was die meisten Menschen subjektiv als sicher empfinden.

Und selbst das Wissen um diese Zahlen und Zusammenhänge reicht nur in den wenigsten Fällen aus, um einem Menschen seine Flugangst zu nehmen. Deren Gründe liegen tiefer, aber zum Glück in den meisten Fällen auch nicht so tief verborgen, dass die Betroffenen nichts gegen diese Angst unternehmen könnten. Ganz im Gegenteil. Flugangst lässt sich wirksam verhindern – und das sogar relativ einfach.

Um seine Angst in den Griff zu bekommen, ist es aber zunächst einmal wichtig, etwas mehr über sie zu erfahren, denn: Flugangst ist nicht gleich Flugangst. Zunächst kann sich die Intensität der Angst, wie verschiedene Passagiere sie erleben, beträchtlich voneinander unterscheiden. Das Spektrum reicht von dem bloßen Empfinden, sich „irgendwie" unbehaglich zu fühlen bis hin zu Panikattacken, die sich für die Betroffenen mit Herzklopfen, Zittern und Atemnot äußern und die sich bis ins Unerträgliche steigern können. Die Übergänge sind fließend und ändern sich bei den einzelnen Betroffenen zudem auch noch je nach Stimmungslage und allgemeiner Verfassung von Flug zu Flug.

Körperliche Auswirkungen der Angst

Angst ist unmittelbar körperlich spürbar. Verantwortlich dafür ist zu einem großen Teil das **vegetative** Nervensystem, das im Gegensatz zum **animalen** Nervensystem nicht der menschlichen Willkür unterworfen ist. Ganz grundsätzlich übermittelt das vegetative Nervensystem Impulse an die so genannte ↗glatte Muskulatur. Diese ist nicht willentlich zu steuern. Im Gegensatz dazu unterliegt die ↗quer-

Glatte Muskulatur
Muskulatur, die besonders im Magen-Darm-Bereich, in den Luft- und Harnwegen sowie den Blutbahnen vorkommt.

Quergestreifte Muskulatur
Muskulatur, die beispielsweise in den Skelettmuskeln zu finden ist.

gestreifte Muskulatur der willkürlichen Steuerung. Anatomisch wird dabei zwischen einem **parasympathischen** und **sympathischen** Nervensystem unterschieden. Zwischen beiden Systemen besteht im wesentlichen eine gegenspielartige Zweiteilung der Aufgaben. Während der Sympathikus vor allem energieentladende, abbauende Vorgänge hervorruft, ist der Parasympathikus eher für energiesparende, aufbauende Maßnahmen verantwortlich. **Typische Wirkungen** des Sympathikus sind „kalter Schweiß", Anstieg des Stoffwechsels, Steigerung der Durchblutung der Skelettmuskulatur, Erhöhung der Herztätigkeit, Anregung des Adrenalinausstoßes und Hemmung der Darmbewegung. Der Parasympathikus dagegen ruft einen Rückgang des Energiestoffwechsels und der Herztätigkeit sowie eine Erschlaffung der Schließmuskulatur hervor.

Vagotoniker / Sympathikotoniker

Ein weiterer Unterschied liegt in der Art und Weise, wie sich die Angst bei den Betroffenen äußert. Interessanterweise reagieren die Menschen dabei nicht einheitlich. Es scheint zwei grundsätzliche **Reaktionstypen** zu geben. Sie werden als Vagotoniker und Sympathikotoniker bezeichnet. Den Unterschied kann jeder feststellen, der Menschen zum Beispiel im Flugzeug bei einer angstauslösenden Situation beobachtet. Die einen werden kreidebleich, still und wirken geschockt. Die anderen schreien überrascht auf, oft mit Arm und Beinbewegungen gekoppelt. Bei den geschockten Personen handelt es sich um Vagotoniker. Bei ihnen scheint in der ersten Angstreaktion der Parasympathikus zu dominieren. Bei der anderen Gruppe dominiert der Sympathikus. Auch eine Unterteilung der Ängste aufgrund ihrer Ursachen ist sinnvoll. So lassen sich zum einen die Ängste zu einer Gruppe zusammenfassen, die einen realen oder zumindest vermeintlich realen Anlass haben. Dazu gehört zum Beispiel die Angst, bei einer wichtigen Prüfung zu versagen, allein durch eine dunkle Gasse zu gehen oder mit dem Flugzeug abzustürzen, weil plötzlich heftige Turbulenzen das Flugzeug durchschütteln. Auch das Gefühl, ausgeliefert zu sein, gehört in diese Kategorie, genau wie die Angst vor dem Unbekannten. Häufig verbinden sich auch verschiedene Auslöser miteinander. Bei diesen so genannten **Realängsten** spielt außerdem die Selbsteinschätzung der Betroffenen eine große Rolle. In dem Moment, wo jemand etwas möglicherweise Bedrohliches beobachtet, wird diese Sichtung blitzschnell vom eigenen Gehirn nach der Größe der möglichen Gefahr hin bewertet. In die Beurteilung fließt ganz wesentlich eine Einschätzung der eigenen Erfahrungen oder auch der selbst eingeschätzten Problemlösungskompetenz ein. Aus dem Ergebnis ergibt sich schließlich das Ausmaß der Angst, das ein Betroffener fühlt. Wird die Bedrohung als groß empfunden, die eigenen Problemlösungskompetenz als klein, ist

Langfristig gesehen, sind bei jeder der beiden Gruppen sogar ganz bestimmte Krankheitsbilder besonders häufig anzutreffen. Der Sympathikontoniker leidet eher unter Krankheiten des Gefäß- und Kreislaufsystems wie Bluthochdruck oder Herzinfarkt, während der Vagotoniker eher für Magen- und Darmgeschwüre anfällig scheint.

082-fl Abb.: lh

◀ *Nehmen Sie sich genügend Zeit beim Einchecken*

die Angst groß. Stuft das Gehirn eine Bedrohung dagegen als klein ein und kann zugleich auf ein breites Erfahrungsspektrum in ähnlichen Situationen zurückgreifen, ist allenfalls eine leichte Unsicherheit die Folge.

Beispiel Luftloch

Während eines Fluges treten extrem starke Luftlöcher auf. Das Flugzeug rüttelt und schüttelt sich, kurz darauf legt es sich in eine scharfe Kurve. Die „Bedrohung" sind hier die Luftlöcher und die damit verbundenen Flugzustände. Kaum jemand, der in dieser Situation nicht zunächst erschrickt. Wie gefährlich die Situation aber anschließend eingeschätzt wird, hängt ganz wesentlich von dem Ausmaß der eigenen Information ab. Weiß der Fluggast so gut wie nichts über das Rütteln und Schütteln und seine Ursachen und hat er so eine Situation auch noch nie erlebt, wird er die folgenden Minuten sehr wahrscheinlich in mehr oder weniger großer Angst verbringen. Weiß er aber, dass derartige Turbulenzen normal sind, die Piloten tagtäglich in ähnlichen Situationen - und häufig noch ausgeprägteren - fliegen und das Flugzeug auf wesentlich härtere Belastungen ausgelegt ist, kann er sich wieder entspannt in seinem Sitz zurücklehnen.

Das wirksamste Mittel gegen Flugangst ist damit zugleich auch eines der einfachsten: das Verstehen der Vorgänge während eines Fluges. Hier ist der wesentliche Hebel, um bei der Behebung der Flugangst anzusetzen.

Die zunehmende Erfahrung in solchen Situationen kann kein Buch vermitteln. Sie muss sich jeder Reisende selbst erfliegen. Realängste sind aber nur eine Kategorie, in die sich Ängste einteilen lassen. In dem breiten Feld, dass üblicherweise durch den Begriff Flugangst abgedeckt wird, machen sie den weitaus größten Teil aus. Daneben gibt es Ängste, die nicht durch eine objektive Bedrohung, sondern durch **psychische Störungen** hervorgerufen werden. Auch diese Ängste können in ihrer Intensität je nach Situation und Tagesform bei den Betroffenen sehr stark variieren. Es ist – gerade bei der Flugangst – auch möglich, dass sie sich mit Realängsten mischen oder durch diese verstärkt werden, so dass im Endeffekt ein sehr diffuses, mehrdimensionales Angstgefühl entsteht. Der Begriff der psychischen Störung muss in diesem Zusammenhang nicht unbedingt allzu dramatisch verstanden

003-fl Abb.: li

◀ *Bei solchen Wolkenformationen kann der Flug schon mal unruhig sein.*

werden. Er macht lediglich deutlich, dass die Angst eine „innere" Ursache hat und auf ein psychisches Problem hinweist, das der Betroffene irgendwann in seiner individuellen Geschichte erworben hat. Bei solchen Störungen ist die Bandbreite sehr groß, und sie kommen bei jedem „normalen" Menschen vor.

Phobien

In die Gruppe dieser Ängste gehören auch die Phobien. Bei einer Phobie ist die Angst an bestimmte Situationen, Gegenstände, Tiere oder Menschen gebunden und unverhältnismäßig. Theoretisch gibt es unzählige Arten von Phobien. Sie können nur leicht ausgeprägt sein, aber auch so stark, dass sie die Lebensqualität der Betroffenen stark einschränken.

Viele Menschen haben Phobien. Die Ursachen sind oft unbekannt. So ist im Grunde nicht hinreichend erklärt, warum große Teile der Bevölkerung unter einer Spinnenphobie leiden. In meisten Fällen bedürfen diese Ängste aber auch keiner weiteren Behandlung. Die Betroffenen können das Problem dadurch „lösen", in dem sie angstauslösende Situationen vermeiden, was für das normale Alltagsleben völlig ausreichend ist. In Einzelfällen kann eine psychologische Beratung aber helfen, die Phobie aufzulösen. Das wird dann der Fall sein, wenn die Ängste so stark werden, dass sie das Alltagsleben der Menschen stark einschränken. In diesen Fällen stellt der Therapeut häufig fest, dass es in der Kindheit der betreffenden Person zu einer **Fehlkonditionierung** gekommen ist. Dabei wurden sehr stark erlebte Ängste auf eine Person, einen Gegenstand oder eine Situation übertragen, die eigentlich nicht ursächlich mit der Angst in Zusammenhang stehen, sondern zum Beispiel beim Erleben der Angst nur zufällig in der Nähe war. Während das eigentlich angstmachende Element anschließend verdrängt und vergessen wird, bleibt die Angst, an das neue Objekt gekoppelt, bestehen. Anders als Realängste kann Furcht, die auf einer psychischen Störung beruht, nicht entscheidend durch Wissen gelindert werden. Ihr kann auf drei Weisen begegnet werden: durch die Anwendung von **Entspannungstechniken,** dem **Vermeiden der Situation** und der **therapeutischen Behandlung.** Letztere macht nur in schwereren Fällen Sinn, kann dort aber ausgesprochen gute Erfolge vorweisen. Auch die Anwendung von Entspannungstechniken hat sich bewährt, wenn es darum geht, dass ein Betroffener ganz pragmatisch eine bestimmte, zeitlich begrenze Situation, wie es ja bei der Flugreise der Fall ist, durchstehen muss. Die Anwendung von Entspannungstechniken lindert im Bedarfsfall natürlich zusätzlich auch die Angst bei dem, der unter einer Realangst leidet. Genauso wie umgekehrt das Verstehen der Vorgänge beim Fliegen die Furcht bei demjenigen Passagier, der unter einer Phobie leidet, zumindest ein bisschen lindert.

Typische Phobien

Typische Phobien sind die vor Spinnen, Ratten, geschlossenen Räumen oder großer Höhe. Auch die Flugangst kann als Phobie auftreten. Vielfach ist es aber auch die Angst vor geschlossenen Räumen, die sich im Flugzeug als Phobie äußert.

Das gilt insbesondere auch, weil sich, wie schon erwähnt, häufig auch mehrere Ursachen der Ängste miteinander verbünden und gegenseitig hochschaukeln können, wenn die Ängste erst einmal begonnen haben, von einem Betroffenen Besitz zu ergreifen. Das einfachste Mittel, Flugangst zu vermeiden, ist natürlich schlicht, nicht zu fliegen. Wer sich das, wie viele Reisende, aber nicht leisten kann oder möchte, weil er beruflich auf den Einsatz des Flugzeugs als Verkehrsmittel angewiesen ist, oder auch, weil viele Reiseziele zu attraktiv sind, um wegen der Flugangst auf den Besuch zu verzichten, muss sich trotzdem nicht mit der Flugangst abfinden, sondern hat zwei wirksame Hebel, um sie zu lindern: das **Verstehen** der Vorgänge während des Fluges und das **Erlernen** von Entspannungstechniken. Wer beide Möglichkeiten nutzt, wird nicht lange warten müssen, bis sich seine Flugangst zumindest reduziert – oder er sogar schon bald ganz entspannt fliegen kann.

▼ *Jetzt gibt es kein Zurück mehr*

083-fl Abb.:li

080-fl Abb.: lh

Grundlagen des Fliegens

Warum es kein Wunder ist, wenn 400 t fliegen

Auftrieb

▼ *Eine ukrainische Antonov AN2. Die Tragflächen wurden demontiert, das den Auftrieb verursachende Profil ist deutlich sichtbar.*

Warum fliegt überhaupt ein Flugzeug? Eine einfache Frage, die trotzdem nur von den wenigsten Menschen befriedigend beantwortet werden kann. Fliegen gehört längst zur Alltagswelt des modernen Menschen und wird in seiner Funktionsweise wie ein Computer oder ein Faxgerät einfach nur noch hingenommen und nicht mehr wirklich verstanden – dazu ist die Welt mittlerweile zu komplex geworden. Auch wenn Fliegen durchaus von vielen Men-

004-fl Abb.: li

schen als wunderbar empfunden wird, ist es deshalb noch lange kein Wunder. Es basiert auf einfachen naturwissenschaftlichen Regeln. Wesentliche Basis ist dabei die Form der Tragflächen. Die Flügel eines Flugzeugs sind nicht gerade wie ein Brett. Sie haben ein exakt berechnetes Profil. Erst dadurch wird der Flug möglich.

Die Tragfläche ist in der Mitte dicker als vorne oder hinten und immer nach oben wesentlich stärker als nach unten gewölbt. Setzt sich das Flugzeug in Bewegung, trifft ein **Luftstrom** von vorn auf die **Tragflächenkante.** Aufgrund der Form der Tragfläche strömt die Luft an der Oberseite schneller als die Luft an der Unterseite. Dabei wirkt ein Naturgesetz, das Daniel Bernoulli vor rund 250 Jahren herausgefunden hat: Der Druck in der Luft nimmt ab, wenn diese schneller fließt. Der abnehmende Druck über der Tragfläche erzeugt dort einen **Sog.** Und genau das ist der **Auftrieb,** der das Flugzeug fliegen lässt.

Auftrieb selbst erzeugt

Die Wirkung des Auftriebes lässt sich schnell praktisch überprüfen. Dazu nimmt man ein Blatt Papier (DIN A5) und hält es an den zwei Ecken einer kurzen Kante so fest, dass das Blatt zunächst horizontal, wie eine Tragfläche ausgerichtet ist.

Je nach Festigkeit des Blattes biegt sich dieses im weiteren Verlauf früher oder später nach unten und zeigt mit der gegenüberliegenden Kante schließlich zum Boden. Wird jetzt über die Oberkante gepustet und damit schnell fließende Luft erzeugt, hebt sich das bisher herunterhängende Papier aufgrund des entstehenden Auftriebes sofort.

Bewegung

Beim Flugzeug ist die Vorbedingung dafür, dass die Luft über die **Tragflächen** fließt, die **Bewegung** der Maschine. Und diese wird durch den Antrieb erzeugt. Dabei handelt es sich um einen **Propeller** oder um eine **Düse.** Der Propeller zieht aufgrund seiner Formung das Flugzeug nach vorne, bei der

Düse treibt es ein Rückstoß (wie beim Luftballon, aus dem Luft austritt) voran.

Je nach Gewicht wird ab einer gewissen Geschwindigkeit der Punkt erreicht, an dem der Auftrieb größer ist als das Gewicht des Flugzeugs. Die Maschine hebt ab und steigt.

Aber auch ohne Motor kann ein Flugzeug Auftrieb erhalten. Ein Segelflugzeug fliegt sogar ganz ohne Motorleistung. Auch beim modernen Verkehrsflugzeug führt ein Ausfall der Motoren noch längst nicht dazu, dass die Maschine sofort wie ein Stein vom Himmel fällt. Würden bei einer Düsenmaschine alle Triebwerke im normalen Reiseflug ausfallen, könnte sie immer noch rund 150 km im **Gleitflug** fliegen und wäre dabei **voll steuerbar.** Die Strecke dürfte reichen, um zumindest im dicht besiedelten Europa oder über den USA vielfach noch einen Verkehrsflugplatz anzusteuern.

Fliegen ohne Antrieb – aus der Praxis

1982 ereignete sich ein besonders spektakulärer Fall. Er betraf den Flug 009 der British Airways, der von London nach Auckland in Neuseeland führt. Über der Insel Java im Pazifik geriet das Flugzeug in eine riesige Aschewolke, die ein kurz zuvor ausgebrochener Vulkan ausgestoßen hatte. Alle vier Triebwerke der 304 t schweren Maschine fielen aus. Bis es der Crew gelang, die Turbinen wieder anzulassen, vergingen zwölf Minuten. Das Flugzeug befand sich hierbei in einem ruhigen Sinkflug. Auch beim Start des ersten Triebwerkes flog die Maschine bei weitem noch nicht in Bodennähe, sondern immer noch 12.000 Fuß (3.660 m) hoch.

Die Tragfläche

Die eigentliche Form der Tragfläche bildet die wesentliche Voraussetzung für den Flug. Darüber hinaus ist die Konstruktion eines Flugzeugflügels aber natürlich noch wesentlich komplexer. Das liegt unter anderem an den unterschiedlichen Geschwindigkeiten, mit denen ein Jet heutzutage fliegt. Für den langsamen Flug ist die optimale Tragflächenform eine ganz andere, als für den schnellen Reiseflug. Da ein Verkehrsflugzeug sich idealerweise die

006-fl Abb.: bo

meiste Zeit über im Reiseflug befindet, werden die Tragflächen so konstruiert, dass sie hierfür optimal ausgelegt sind. Beim Starten oder Landen würden sie in dieser Form aber nicht genügend Auftrieb produzieren. Aus diesem Grund versehen die Hersteller sie mit **Zusatzeinrichtungen,** die den Auftrieb erhöhen und von den Piloten bei Landung und Start aktiviert werden. Dabei handelt es sich um **Verlängerungen** der Tragflächen an der Vor- und Hinterkante. Sie heißen **Vorflügel** oder **Slats** und **Hinterkantenklappen** oder **Flaps.**

▲ *Dieser fast 400 t schwere Jumbo hebt mit rund 300 km/h ab. Keine Zauberei, sondern verlässliche Gewissheit der Naturkräfte.*

▼ *Voll ausgefahrene Landeklappen einer Boeing 737.*

Slats & Flats

007-fl Abb.: li

Slats und Flaps können in verschiedenen Stufen ausgefahren werden und erhöhen die Fläche des Flügels und seine Krümmung – und damit den Auftrieb. Auf den Tragflächen befinden sich weiterhin so genannte **Störklappen** oder **Spoi-**

ler. Dabei handelt es sich um Klappen, die ungefähr in der Mitte der Tragflächenoberseite angebracht sind und aufgestellt werden können. Stellt der Pilot diese auf, bricht sofort der Luftstrom ab und damit der Auftrieb zusammen.

Störklappen

Damit sind die Störklappen ein wichtiges Instrument bei der Landung. Hierbei werden sie aufgestellt und zusammen mit den **Bremsen** eingesetzt, um das Flugzeug möglichst schnell und wirkungsvoll zum Stehen zu bringen. Auch im Flug können die Störklappen kurz hochgefahren werden. Das dient dann dazu, etwas Geschwindigkeit oder Höhe – zum Beispiel für den Landeanflug – abzubauen. Klappen und Spoiler sind aber nicht die einzigen Bauelemente, die sich an der Tragfläche während des Fluges für den Passagier sichtbar bewegen.

▼ Auf der Oberseite der Tragfläche sind die aufgestellten Spoiler zu sehen. An der Vorderkante des Flügels wurden zusätzlich noch zur Demonstration die Vorflügel ausgefahren.

008-fl Abb.: li

Querruder

Dies ist auch bei den Querrudern der Fall. Sie gehören zusammen mit den Seiten- und Höhenrudern zu den **Steuerelementen** des Flugzeugs.

Mit ihrer Hilfe „lenkt" die Besatzung die Maschine. Wie schon erwähnt, befinden sich die Querruder an den Tragflächen, genauer: an deren Hinterkante. Sie sind auf beiden Seiten so miteinander gekoppelt, dass sie sich gegenläufig bewegen. Vereinfacht gesagt sind es Steuerflächen, die sich rauf und runter bewegen lassen. Das hat im Flug folgende Wirkung: Wird das Querruder zum Beispiel an der linken Tragfläche nach oben gestellt, verringert das den Auftrieb an dieser Stelle. Gleichzeitig senkt sich das Querruder gegenläufig auf der anderen Flugzeugseite. In der Folge sinkt die linke Tragfläche nach unten, die rechte hebt sich dagegen. Diese Bewegung wird als **Rollen** bezeichnet. Die Betätigung der Querruder führt aber nicht nur zu einer Seitenlage des Flugzeugs, sie führt auch dazu, dass sich das Flugzeug aufgrund der Seitenlage automatisch in eine Kurve legt. Je größer dabei die gewählte Schräglage, um so schneller wird die Kurve durchflogen. Kurven fliegt ein Flugzeug also vorrangig aufgrund der Funktion der Querruder. Die Piloten bewegen die Querruder durch eine Seitwärtsbewegung des **Steuerhorns** oder **Sidesticks.** Um eine etwas engere Kurve zu fliegen, können außerdem die Spoiler an einer Seite aufgestellt werden. Damit wird das Querruder in seiner Arbeit unterstützt.

009-fl Abb.: li

▲ *Sidestick*

▼ *Steuerhorn*

010-fl Abb.: li

Steuerruder

▼ *Das Seitenruder hält die Maschine am Boden gerade auf der Bahn.*

Das Seitenruder ist ein weiteres Steuerelement. Es befindet sich am Heck des Flugzeugs, an der Hinterkante der senkrecht aufragenden Flosse und lässt sich nach links und rechts bewegen. Es hat eine flugstabilisierende Funktion, ist also nicht das Hauptinstrument für den Kurvenflug. Es dient vor allem der **Richtungsführung** kurz vor dem Abheben oder kurz nach dem Aufsetzen. Während des Flu-

011-fl Abb.: li

ges wird es nur mit minimalen Ausschlägen eingesetzt – meist automatisch – um unerwünschte Flugbewegungen, wie sie zum Beispiel durch Windböen hervorgerufen werden können, entgegenzuwirken und sie dadurch zu mindern. Wollen die Piloten das Seitenruder manuell bedienen, geschieht dies über Pedale.

Höhenruder

Ebenfalls am Heck des Flugzeugs befindet sich mit dem Höhenruder ein weiteres Steuerelement. Es ist waagerecht angebracht.

▼ Mit dem Höhenruder wird höher oder niedrieger gesteuert.

Die Steuerflächen können nach oben und unten bewegt werden. Hebt sich die Steuerfläche, hebt sich auch die Nase des Flugzeugs. Bei entsprechender Geschwindigkeit wird ein **Steigflug** eingeleitet. Das Höhenruder wird von der Crew ebenfalls mit dem Steuerhorn oder Sidestick bedient. Zieht der Pilot das Steuerhorn zu sich heran, hebt das Flugzeug die Nase. Drückt er es von sich weg, geht die Maschine in einen **Sinkflug** über.

▼▼ Die Höhenflosse: Sie ist entlang der gebogenen Schiene zum Trimmen des Flugzeugs verstellbar.

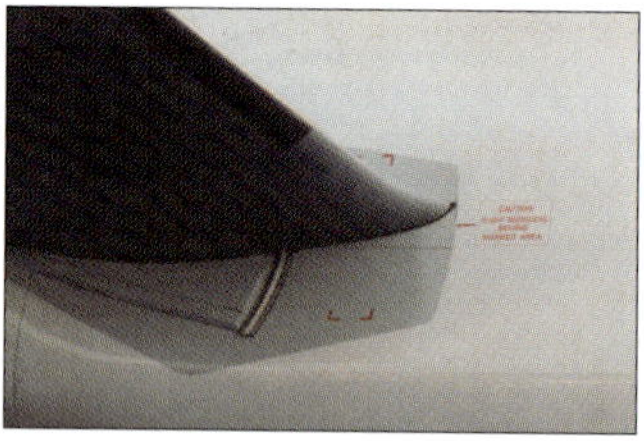

Die gesamte Höhenflosse ist zudem beweglich. Der Anstellwinkel kann verändert werden. Die Veränderung wird als Trimmung bezeichnet. Diese gewährleistet, dass das Flugzeug sich immer in einem ausbalancierten Zustand befindet. Die **Trimmung** wird zumeist automatisch vom Bordcomputer vorgenommen. Verändert sie sich, drehen sich im Cockpit bei vielen Flugzeugen zwei Trimmräder auf der Mittelkonsole zwischen den Piloten.

Triebwerk

Zu den auffälligsten Merkmalen eines Linienjets gehören sicher die Triebwerke.

Standard sind heute reine **Düsentriebwerke.** Bei diesen fliegt das Flugzeug durch den **Rückstoß,** den das Triebwerk produziert. Sie funktionieren, vereinfacht ausgedrückt, folgendermaßen: Vorn an der Turbine saugt ein mächtiges Ventilatorrad Luft an. Diese Luft gelangt in das Triebwerk, wo unter zunehmendem Druck eine immer stärkere Verdichtung erfolgt. Schließlich wird die so komprimierte Luft mit Kraftstoff vermischt und in der Brennkammer entzündet. Dadurch erhöht sich die Temperatur des Gases drastisch. Die Folge: Es dehnt sich aus und strömt mit hoher Energie in die nachfolgenden Turbinenbereiche. Hier treibt es zunächst eine Turbine an, die über eine gemeinsame Welle das Ventilatorrad am Eingangsbereich in Fahrt hält. Anschließend verlassen die Gase das Triebwerk und erzeugen so den Schub, der für den Antrieb des Flugzeugs wichtig ist.

▼ Die Aufhängung der Triebwerke unter den Tragflächen hat sich weitgehend durchgesetzt.

084-fl Abb.: li

015-flAbb.: li

▲ Maschinen mit Düsen am Heck wie diese russische Tupolev TU-154 sind häufig ältere Konstruktionen.

Lärmminderung

Übrigens wird bei modernen Triebwerken nur ein kleiner Teil der angesaugten Luft tatsächlich in die Brennkammer befördert. Rund 80 Prozent der Luft wandern außen um die Brennkammer herum und dämpfen unter anderem erheblich die Lautstärke der Düsen. Dieser kalte Luftstrom macht bei modernen Flugzeugen den größten Teil – rund 75 Prozent – des Schubes aus. Die riesigen Turbinenschaufeln,

016-fl Abb. li

▲ *Ein Triebwerk von hinten besehen.*

auch als „Bläser" bezeichnet, die weit über das eigentliche Kerntriebwerk herausreichen und für den Betrachter gut sichtbar sind, wirken dabei im Prinzip wieder wie Propeller.

Schubumkehr

Um das Flugzeug abzubremsen, verfügen die Triebwerke über die so genannte Schubumkehr, die kurz nach dem Aufsetzen, bei der Landung aktiviert wird. Dabei öffnen sich an den Außenseiten der Triebwerke Klappen, die einen Teil des Luftstromes nach vorne ablenken. Bei der **Schubumkehr** wird also nicht die Laufrichtung der Turbine umgelenkt.

Hilfsturbine

Während ein Flugzeug am Terminal steht und die Passagiere ein- oder aussteigen, laufen die Triebwerke nicht. Den nötigen Strom für Licht und Bordinstrumente erhält das Flugzeug in dieser Phase durch entsprechenden **Stromverbindungen** mit dem Flugplatz. Sind solche nicht vorhanden oder einsetzbar, übernimmt die so genannte Hilfsturbine die Versorgung.

▶ *Die Vorrichtungen, durch die die Luft bei der Schubumkehr nach außen tritt, sind hier sehr gut zu erkennen.*

▼ *Hier gibt die Besatzung Gas. Ganz nach hinten gezogen, wird die Schubumkehr aktiviert. Rechts und links der Schubhebel sind die Trimmräder.*

018-fl Abb. li

017-fl Abb.: li

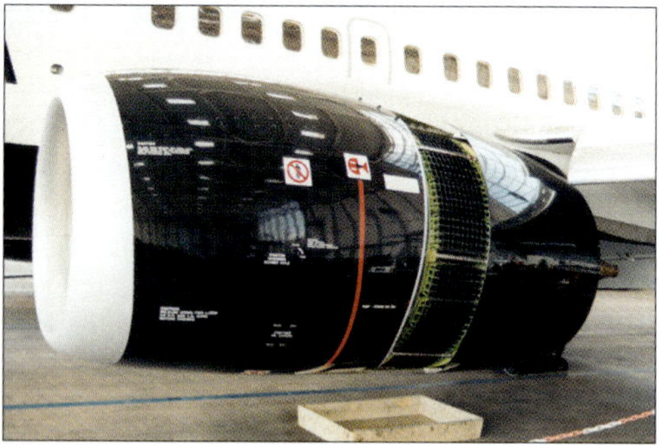

Das ist ein kleines Düsentriebwerk, welches im Heck des Flugzeugs untergebracht ist. Es erzeugt das Düsengeräusch, was zuweilen zu hören ist, wenn sich das Flugzeug in der Parkposition zum Beispiel auf dem Vorfeld befindet.

019-fl Abb.: li

▲ *Von der Hilfsturbine sieht man nur die Abgasöffnung.*

Fahrwerk

Beim Ein- oder Aussteigen kann auch das Fahrwerk des Flugzeugs bewundert werden. Je nach Flugzeugtyp ist es unterschiedlich groß.

Reifen

Die Reifen haben ein ganz anderes Profil als Autoreifen und sind auch ansonsten damit nicht zu vergleichen. Flugzeugreifen verfügen lediglich über Längsrillen. Diese Längsrillen dienen nur dazu, den Grad des Verschleißes anzuzeigen. Selbst wenn sie völlig verschwunden sind, ist der Reifen noch voll funktionsfähig, sollte dann aber gewechselt werden. Schon vor dem Erreichen der Abnutzungsgrenze kann übrigens Gewebe sichtbar sein

Fahrwerk bei einer Boeing 747

Bei einer Boeing 747 besteht das ***Hauptfahrwerk*** *aus 16 Reifen, die auf vier* ***Fahrgestelle*** *verteilt sind. Die Reifen sind rund 50 cm breit und haben einen Durchmesser von 1,25 m. Jeder einzelne Reifen trägt dabei ein Gewicht von 25 t.*

020-fl Abb.: li

◀ *Das Hauptfahrwerk ist ein kompliziertes Gebilde. Hier das Fahrwerk eines Airbus A319.*

Grundlagen des Fliegens

und der Reifen, mit dem Blick des Autofahrers betrachtet, „schlimm" aussehen. Dieser Eindruck täuscht allerdings. Es handelt sich dabei um Gewebe, das extra in die zum Abrieb bestimmten Flächen eingeflochten wurde, damit diese den Belastungen besser – und länger – standhalten können.

021-fl Abb.: li

▲ *Das Bugfahrwerk. Im oberen Bereich sind die Landescheinwerfer installiert.*

Bugfahrwerk

Über das Bugfahrwerk wird die Maschine am Boden gelenkt. Dafür hat der Kapitän – der im Cockpit immer links sitzt – zu seiner linken Seite ein kleines Rad zur Verfügung.

Das Bugfahrwerk hat in der Regel keine Bremsen. Dafür ist aber an jedem Reifen des Hauptfahrwerks eine **Scheibenbremse** montiert. Diese bestehen allerdings nicht aus einer einzigen Scheibe, sondern aus einem ganzen Bündel. Ein Antiblockiersystem – in der Luftfahrt heißt es **Anti-Skid-System** – gehört zum Standard.

Eis und Schnee

Im Winter stellen Eis und Schnee natürlich auch im Luftverkehr eine mögliche Gefahrenquelle dar. Ein Risiko ist vor allem die **Eisbildung** auf den Tragflächen. Würde hier Eis – vor allem auf der Oberseite – entstehen, wäre dadurch natürlich die Form der Tragfläche, durch die ja der Auftrieb erzeugt wird, beeinträchtigt. Damit das nicht geschieht, kann während des Fluges eine Enteisungsanlage angeschaltet werden. Diese bläst heiße Luft aus den Triebwerken so durch die Vorderkanten der Flügel über die Tragflächen, dass es hier zu keiner Vereisung kommt. Am Boden wird ein Flugzeug kurz vor dem Start von Eis befreit. Dabei kommt Enteisungsmittel zum Einsatz, das zum einen vorhandenes Eis beseitigt, zum anderen für eine bestimmte Zeit die Neubildung von Eis verhindert. Diese Enteisung kann in stationären Anlagen erfolgen – ähnlich einer übergroßen Autowaschanlage – durch die die Flugzeuge hindurchrollen. Eine solche Anlage ist zum Beispiel auf dem Flughafen München in Betrieb. Als zweite Möglichkeit kann die Enteisungsflüssigkeit durch Spezialfahrzeuge, die um das Flugzeug herumfahren und mit einer Hebebühne ausgestattet sind, aufgesprüht werden. Die Start- und Landebahnen des Flughafens müssen natürlich ebenfalls schnee- und eisfrei gehalten werden. Dafür setzen die Flughäfen zunächst einmal Räumfahrzeuge wie Kehrblasgeräte und Schneefräsen ein. Auf dem Frankfurter Flughafen sind sechs Schneefräsen und 23 Kehrblasgeräte verfügbar, die hintereinander gestaffelt jede der vier Kilometer langen und 60 Meter breiten Pisten innerhalb von dreißig Minuten mechanisch reinigen. Nach diesem mechanischen Reinigungsvorgang fahren acht Enteisungsfahrzeuge über die Bahn und sprühen biologisch abbaubares Essig-Acetat auf, durch das auch das letzte Eis schmilzt. Um zu kontrollieren, ob es glatte Stellen auf den Start- und Landebahnen gibt, sind auf den Flughäfen die **Friction Tester** unterwegs. Dabei handelt es sich um Pkw, die mit einem Messrad und aufwändiger Messtechnik ausgestattet wurden. Mit diesem Instrumentarium kann der Zustand der Bahnen zuverlässig analysiert werden.

047fl Abb.: ai

Ein Flug als Passagier

Guter Service lenkt ab von möglichen Ängsten. Wenn am Flugzeug aber plötzlich die Tragflächen kräftig schwingen oder gar Rauch aus der Klimaanlage dringt, ist es für so manchen Fluggast innerlich wieder mit der Ruhe vorbei – nicht aber für den, der um die technischen Hintergründe dieser Beobachtungen weiß.

Herein in die gute Stube

Kein Zweifel: Wer sich eben noch im Terminal aufhielt, vielleicht nach dem hektischen Einchecken etwas zur Ruhe gekommen ist, betritt in dem Moment, wo er den ersten Schritt in das Flugzeug setzt, nicht gerade eine Umgebung, die von der grundsätzlichen Anlage her zum gemütlichen, entspannten Verweilen einlädt. Ganz im Gegenteil: Die Enge, das Gedränge und der Eindruck der **Röhre** erzeugen bei fast jedem Menschen zunächst ein eher unruhiges Gefühl.

▼ Trotz aller Komfortbemühungen der Fluggesellschaften ist ein Flugzeug schon von der grundsätzlichen Enge her kein Raum mit guten Voraussetzungen für Angstfreiheit.

022-fl Abb.: li

Das gilt für den „normalen Reisenden", aber noch viel stärker für den, der unter Flugangst leidet. Da helfen auch keine Erfrischungstücher und kein freundlich servierter Drink: Die neue, ungewohnte Umgebung wird zunächst einmal mit erhöhter Aufmerksamkeit beobachtet. Dabei gibt es dann genug ungewohnte und überraschende Eindrücke, die dem Fluggast auffallen können. Das fängt schon an, während das Flugzeug noch am Boden steht. Kaum wirft man einen ersten Blick aus dem Fenster, fällt womöglich sogleich ein Riss auf, der in der Scheibe klafft. Hat das Flugzeug in der Höhe nicht einen Überdruck, könnte dieser Riss dann nicht verheerende Folgen haben?

Im Flugzeug befindet sich während des Reisefluges tatsächlich ein höherer Druck als außerhalb. Dieser wird künstlich erzeugt. Und das Flugzeug ist im Reiseflug tatsächlich ein nach außen hermetisch abgeschlossener **Druckkörper.** Damit hat die vermeintliche Fensterscheibe mit dem Riss aber nichts zu tun. Der Riss ist ärgerlich, denn das Auswechseln der Scheibe kostet die Fluggesellschaft Geld. Er hat aber keine Sicherheitsrelevanz. Bei der angenommenen „Verglasung" handelt es sich nur um eine **Kunststoffscheibe,** die als Kratzschutz und Wärmeisolierung dient. Die eigentliche druckfeste Scheibe – oft sind es sogar zwei – befindet sich weiter außen.

Möglich ist alles: Autoverladung in eine Maschine bei Hapag Lloyd

085-fl Abb.: li

Geräusche

Daneben gibt es jede Menge Geräusche, die schon häufig in dieser Phase der Reise, oder eigentlich noch vor der Reise mit dem Flugzeug, zu Irritationen führen. So kann plötzlich aus dem Rumpf unter dem Sitz ein leises **Rumpeln** zu hören sein, vielleicht ist sogar eine ganz leichte **Bewegung** in der Maschine zu spüren. Kein Problem: Immerhin werden noch Koffer und vor allem auch schwere **Frachtstücke** in die Maschine geladen.

Und der **Frachtraum** befindet sich nur wenige Meter unter den eigenen Füßen. Bei Hapag Lloyd beispielsweise ist es nicht selten, dass Urlauber ihr Auto mit auf die Reise nehmen. Das fliegt dann im Frachtraum mit.

Wenig später werden die Türen geschlossen. Kurz darauf gibt die Crew über Lautsprecher den Hinweis ↗„Cabin attendance, all doors in flight" weiter.

„All doors in flight" *weist darauf hin, dass die Türen flugbereit sind. Das bedeutet, sie wurden verriegelt und die Notrutschen aktiviert. Diese stehen jetzt im Bedarfsfall sofort zur Verfügung.*

In Bewegung

Befindet sich das Flugzeug am Terminal, folgt einen Moment später eine leichte **Erschütterung,** wenn der **Schlepper,** der das Flugzeug zurückstoßen wird, am vorderen Fahrwerk des Flugzeugs andockt.

Dieser Vorgang ist schnell beendet, nun wird die Maschine vom Schlepper zurückgeschoben. Die Crew lässt jetzt die Turbinen an. Stand das Flugzeug auf dem ↗Vorfeld – in diesem Fall werden die Passagiere mit einem Bus zur Maschine gebracht – startet die Besatzung die Triebwerke natürlich, ohne dass zuvor ein Schlepper andockt.

Während des **Anlassvorgangs** kann es sein, dass die Klimaanlage kurz verstummt. Das ist normal. Die **Klimaanlage** wird mit Druckluft aus der Hilfsturbine betrieben. Mit Hilfe dieser **Druckluft** werden nun die Düsen angelassen. Während dieser Zeit – rund ein bis zwei Minuten – schaltet sich die Klimaanlage automatisch aus, denn für den Zeitraum des Anlassens wird die gesamte Luft für die

▼ *Mit Hilfe eines Schleppers setzt diese Lockheed Tristar zurück.*

086-fl Abb.: li

Triebwerke benötigt. Das gilt, wenn das Flugzeug auf dem Vorfeld steht. Es gilt aber auch, wenn es am Terminal angedockt ist. Aus **Umweltgründen** erfolgt hierbei die Energieversorgung während des Bodenaufenthaltes über das Stromnetz des Flughafens. Die Hilfsturbine im Heck des Flugzeugs ist dann lärmschonend ausgestellt. Um die nötige Druckluft für den Start der Triebwerke zu bekommen, wird die Hilfsturbine aber kurz vor der vorgesehenen Abflugzeit von der Crew angestellt.

Vorfeld
Als Vorfeld wird der Bereich zwischen dem Terminal und der Startbahn bezeichnet. Das Vorfeld ist meist recht groß und kann einige Quadratkilometer messen.

Nebel

Kurz nach dem Anlassen der Triebwerke kann es dazu kommen, dass **Nebel** aus der Klimaanlage in den **Innenraum** des Flugzeugs tritt. Dabei können dichte weiße **Dampfschwaden** aus den Öffnungen der Klimaanlage, die sich zum Beispiel in der Deckenverkleidung befinden, in den Passagierraum geblasen werden.

Das sieht spektakulär aus. Der Grund ist aber völlig **harmlos.** Die Luft im Innenraum des Flugzeugs stammt aus zwei Quellen: Zum einen wird die schon vorhandene Innenluft immer wieder neu von starken Pumpen umgewälzt. Dabei findet alle drei Minuten ein kompletter **Luftaustausch** statt. Bei jedem Umwälzvorgang reinigen starke Filter die Luft. Zum anderen wird ständig Frischluft von außen zugeführt und mit der Innenluft vermischt. Die **Klimaanlage** kühlt diese Frischluft vor dem Vermischen mit der Innenluft stark. Wenn sich jetzt die Klimaanlage im Flugzeug ausschaltet, weil – wie beschrieben – alle Druckluft für den Start der Düsen benötigt wird, nimmt die Temperatur im Innenraum zu. Gleichzeitig steigt die **Luftfeuchtigkeit** im Flugzeug immens an – und das, obwohl die Klimaanlage nur für rund 2 Minuten ausgestellt ist. Das liegt auch daran, dass gerade in dieser Phase die Passagiere – es sind ja meistens weit über 100 – stärker als normal schwitzen, da viele nervös sind, gerade noch Taschen verstaut haben oder zum Gate laufen mussten. Jeder Fluggast gibt in dieser Zeit rund 80 Gramm Feuchtigkeit an die Luft ab. Wenn einen Moment später die Klimaanlage und das **Umwälzsystem** wieder anlaufen, saugen sie diese Feuchtigkeit auf einen Schlag an. Die **warme** Innenluft trifft nun beim Mischen in der Klimaanlage auf die **gekühlte** Luft von außen. Das Besondere ist in diesem Moment aber, dass die Innenluft eine extrem hohe Luftfeuchtigkeit aufweist, wenn sie auf die gekühlte Luft trifft, die zudem gerade bei feuchten Tagen auch noch relativ viel Wasser enthalten kann. Warme Luft speichert aber sehr viel mehr Wasser in Form von Wasserdampf als kalte Luft. Beim Kühlen der zuvor warmen und feuchten Luft im **Mischsystem** wird nun der so genannte ↗Taupunkt unterschritten. Die Folge: **Wasserdampf** tritt in Form von Nebel auf und wird so – für jeden Passagier sichtbar – in die Kabine geblasen.

Taupunkt
Der Taupunkt wird erreicht, wenn die Luft mit 100% an Feuchtigkeit gesättigt ist, und deshalb keine Feuchtigkeit mehr aufnehmen kann.

Licht

Auch das Licht kann vor dem Start kurz aus- und angehen. Bei einigen Flugzeugmodellen ist dieses weniger, bei anderen mehr ausgeprägt. Der Strom für das Flugzeug wird am Boden entweder vom Terminal oder von der Hilfsturbine geliefert. Während des Fluges wird der Strom von den Turbinen erzeugt. Wenn die Triebwerke gestartet sind, muss die Crew die Stromversorgung des Flugzeugs von der zunächst aktivierten oder ohnehin laufenden Hilfsturbine auf die Triebwerke umstellen.

Wird der entsprechende Schalter betätigt, flackert für den kurzen Moment des Umschaltens das Licht im Flugzeug.

Das Anlassen der Triebwerke

Im Zusammenhang mit dem Anlassen der Triebwerke kann in einigen Flugzeugtypen aus dem Bodenbereich ein mehrfaches helles **Summen** oder **Sirren** zu hören sein. Ursache sind die Hydrauliksysteme, wobei es aber je nach Modell und Hersteller große Unterschiede gibt. So kann es zum Beispiel drei solcher **Hydrauliksysteme** geben. In jedem arbeitet eine **Pumpe.** Nach dem Anlassen der Triebwerke nimmt zunächst nur eine Hydraulikpumpe den Dienst auf. Ausreichender Druck ist in diesem Moment nur in einem Hydrauliksystem vorhanden. In den anderen Systemen muss erst ein entsprechender Druck aufgebaut werden. Die Druckverteilung hierfür erfolgt durch die **Power Tranfer Unit** (PTU). Dabei wird das Geräusch im Boden erzeugt.

Sound

Das Triebwerksgeräusch kann je nach Platz recht unterschiedlich sein. Hinter den Tragflächen ist eher das Fauchen des Abgasstrahls zu hören. Wer hier bei einem Flug gesessen hat, anschließend umsteigt und weiter vorne sitzt, ist oft über das veränderte Triebwerksgeräusch irritiert. Es kann auch singend, fast wie ein sehr schnell laufender Propeller klingen.

Nun sind auch die Triebwerke unüberhörbar angelaufen. Wenig später rollt die Maschine. Viele Flughäfen erstrecken sich räumlich über viele Qua-

023-fl Abb.: lh

Im Gänsemarsch zur Startbahn.

dratkilometer. So kann es eine ganze Weile dauern, bis der Jet über die verschiedenen ↗Rollwege die ↗Startbahn erreicht. Aus dem Fenster sieht man jetzt vielleicht, wie die Besatzung probeweise die Steuerelemente an den Tragflächen bewegt.

Dabei testet die Crew noch einmal die **einwandfreie Funktion** der Steuerelemente. Außerdem fährt sie die Klappen an den Vor- und Rückseiten der Flügel in **Startposition.** Ein Summen im Innenraum des Flugzeugs kann dadurch zu hören sein.

Der Start

Rollweg und Startbahn
Der Rollweg, oder auch 'Taxiway' ist der Teil des Flughafengeländes, auf dem das Flugzeug vom Terminal bis zur Startbahn rollt.

Erhält die Besatzung die **Startfreigabe** – manchmal nach einer kleinen Wartezeit – schiebt sie den **Schubhebel** im Cockpit nach vorn. Das Flugzeug beschleunigt und wird dabei lauter. Einige Geräusche klingen wenig vertrauensweckend: Bei vielen Starts klappert, quietscht, knarrt und knackt es überall im Gebälk des Flugzeugs – auch bei modernen Flugzeugtypen. Auch kann man vielfach die **Vibrationen** wahrnehmen. Das alles ist besonders hässlich, wenn der Start auf einer schlechten Piste – zum Beispiel in einem von der Verkehrsinfrastruktur her weniger gut entwickeltem Land – erfolgt. Das Wackeln und Knarren ist ausschließlich kosmetischer Natur und betrifft die **Plastikverkleidungen,** mit denen das Flugzeug von innen ausgestattet ist. Das erste Abheben macht nach der Beschleunigung dann zunächst oft einen recht ruppigen Eindruck. Mit einem Rumpeln wird das Fahrwerk eingefahren.

Nach dem Abheben

Schon kurz darauf geschieht etwas, was viele Passagiere verunsichert: Der Triebwerke werden schlagartig etwas leiser, gleichzeitig ist manchmal auch körperlich eine leichte **Verzögerung** zu spüren. Das liegt keineswegs an einem Problem mit den Turbinen. Der Grund dafür ist ein anderer: Beim Start werden die Triebwerke auf sehr große Leistung hochgefahren. Die **Startleistung** liegt weit über dem, was für den weiteren Flug benötigt wird. Deshalb ziehen die Piloten schon kurz nach dem Start die Schubhebel wieder etwas zurück.

In vielen Fällen fliegt die Maschine schon wenige Momente nach dem Abheben die ersten **Kurven.** Der Grund ist, dass kaum eine Startbahn in genau die Richtung zeigt, in der auch des Reiseziel liegt. Also muss die Crew zwangsläufig kurven, um auf den richtigen Kurs zu kommen.

Abflugroute

Sehr frei ist die Besatzung bei der Wahl der Abflugroute nicht. Die An- und Abflugverfahren bei den Verkehrsflughäfen sind genau festgelegt. Und aus Lärmschutzgründen können diese gerade in Ballungsgebieten recht komplizierte und kurvige Formen annehmen. Dabei geht es im wesentlichen darum, Wohngebiete zu vermeiden, was ja auch Sinn macht, da die Maschinen kurz nach dem Start noch nicht besonders hoch fliegen.

Der Reiseflug

Jetzt kann im Innenraum wieder ein Summen zu hören sein, wenn die **Klappen** in ihre Ausgangsstellung zurückfahren. In den meisten modernen Verkehrsflugzeugen hört man dieses Geräusch allerdings kaum noch. Gerade in den ersten Minuten nach dem Start verläuft der Flug häufig sehr unruhig. Das ist nichts Ungewöhnliches.

Wind und Wetter

In **Bodennähe** sind sehr oft **Turbulenzen** (siehe S. 44 „Turbulenzen“) in der Luft vorhanden. Das liegt einfach daran, dass kaum irgendwo auf der Welt der Erdboden wirklich eben ist. Immer wird es Häuser, Berge, Bäume und andere Bodenerhebungen geben. Tritt der Wind, wenn er über den Erdboden dahinströmt, auf diese Hindernisse, bilden sich viele große und kleine **Wirbel,** die sich vom Wind fortgetragen in der Atmosphäre fortsetzen. Dadurch entsteht insbesondere in den unteren **Luftschichten** eine permanente Unruhe, die an einigen Tage schwächer, dann aber auch wieder sehr stark sein kann. Erreicht das Flugzeug eine **größere Höhe,** wird der Flug fast immer ruhiger, die bodennahen Turbulenzen setzen sich – außer bei besonderen Wetterlagen – nicht bis in diese Höhen fort.

Wolken(decke)

Vor dem Erreichen dieser Höhe fliegt das Flugzeug speziell in Mitteleuropa in vielen Fällen schon kurz nach dem Start in eine mehr oder weniger **geschlossene Wolkendecke** ein. Hier nimmt das Schaukeln und Rütteln oft noch einmal kräftig zu, die Wolken können Zonen sehr lebhafter **Turbulenztätigkeit** sein.

Schäfchenwolken

Schäfchenwolken werden insbesondere von Segelfliegern hoch geschätzt, zeigen sie doch Aufwinde an, die das kreisene Segelflugzeug eine größere Höhe tragen.

Sieht der Himmel dagegen vom Boden aus sehr friedlich aus und sind viele weiße **Schäfchenwolken** zu sehen, kann aber auch gerade das auf einen eher unruhigen Flug hinweisen. Solche Wolken sind Zeichen für starke **Aufwinde,** erhitzte Luft, die vom Boden nach oben strömt.

Wolken deuten aber nicht nur auf einen unruhigen Flug hin. Sie vermindern natürlich auch die **Sicht.** In einer dichten Wolkenschicht kann die Sicht außerhalb des Flugzeugs völlig verschwinden. Das stellt im modernen Luftverkehr allerdings kein Problem dar und gehört zur alltäglichen Routine während eines Fluges. Die Crew kann sich anhand ihrer **Instrumente** absolut sicher über die Flugsituation orientieren.

In der Reiseflughöhe wird der Flug in den meisten Fällen ruhig bleiben, bis die Maschine zum Landeanflug sinkt und damit wieder in turbulenzreichere Zonen einfliegt. Auch im ruhigen Reiseflug können aber gelegentlich Turbulenzen auftreten.

Luftlöcher

Diese so genannten Luftlöcher haben eine ganz andere Ursache als die Turbulenzen in Bodennähe. Bei ihnen handelt es sich um **Windwirbel,** die überall – und fast immer sehr plötzlich – auftreten können. Häufig bilden sie sich in der Nähe von so genannten **Jetstreams.** Das sind mächtige Luftströme, die sich in großer Höhe um die Erdkugel bewegen. Einen schon klassisch zu nennenden Jetstream gibt es über dem Nordatlantik. Er strömt von West nach Ost. Eine andere Ursache ist das Aufeinandertreffen verschiedener Luftströmungen.

Das Phänomen kennt jeder Autofahrer aus eigenem Erleben. Kommt eine **Windböe** von rechts, wird das Auto nach links gedrückt. In einem Flugzeug sind dazu noch Windböen von oben und unten möglich. Wie beim Auto gibt es auch während eines Fluges Windböen von vorne. Während auf der Straße eine Windböe von vorne das Auto aber nur abbremst, hat sie beim Flugzeug noch eine zusätzliche Wirkung: Sie erhöht für einen Moment den Auftrieb. Ist die Windböe vorbei, sackt das Flugzeug – machmal sehr ruckartig – wieder nach unten. Dies, oft auch im schnellen Wechsel mit Windstößen aus anderen Richtungen, erzeugt, was irrig oft als „Luftlöcher" bezeichnet wird. Wirkliche „Löcher" gibt es in der Atmosphäre natürlich nicht.

Man braucht sich übrigens keine Sorgen um das Flugzeug zu machen. Selbst wenn heftige Luftstöße den Passagier ganz schön erschrecken können und beim Blick aus dem Fenster die **Tragflächen** anfan-

▼ *Fasten Seat Belt: Mit diesem Schalter aktiviert der Kapitän das Anschnallzeichen in der Kabine ...*

▼▼ *... das dort zum Anschnallen auffordert.*

024-flAbb. li

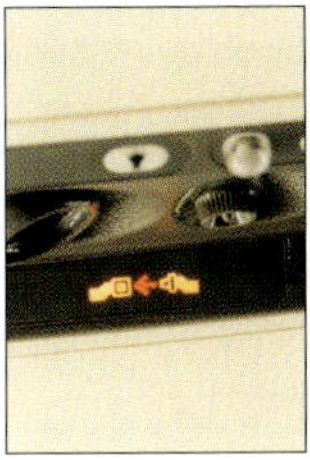

025-fl Abb. li

gen zu schwingen, ist das Flugzeug für weitaus größere Belastungen konstruiert. Das wird spätestens dann deutlich, wenn eine Maschine in ein **Gewitter** gerät. Das kann vorkommen, ist aber sehr selten.

Wetterradar

Um Gewitter rechtzeitig zu erkennen, befindet sich im Cockpit ein Wetterradar. Dieses reagiert auf die Feuchtigkeit, die in Wolken vorhanden ist. Gewitterwolken können auf dem Wetterradar deutlich erkannt werden, Turbulenzen dagegen leider nicht. Informationen über beide Wettererscheinungen erhalten die Besatzungen der Flugzeuge aber auch über Funk von den Piloten anderer Maschinen.

026-fl Abb.: li

Gewitter

Jede Besatzung wird ein Gewitter umfliegen. Ein Flugzeug ist ein ↗Faradayscher Käfig wie auch ein Auto. Aus diesem Grund können sich die Insassen vor den Blitzen sicher fühlen. Die in einem Gewitter herrschenden Winde sind aber teilweise ausgesprochen unangenehm. Wenn manchmal Verkehrsflugzeuge trotzdem in ein Gewitter geraten, liegt das daran, dass sich zuweilen ein Gewitter schlicht nicht um- oder überfliegen lässt. Speziell in den Tropen können Gewitter bis weit über die Flughöhe der Maschine hinaus reichen. Trotzdem besteht normalerweise keine Gefahr für das Flugzeug. Zwar kann es heftiger als bei einer Turbulenz durchgeschüttelt werden, dass die Grenzen der Belastbarkeit aber noch lange nicht erreicht sind, wird jeder bestätigen können, der einmal in einem kleinen Reiseflugzeug eine massive Gewitterfront durchfliegen musste.

Faradayscher Käfig
Michael Faraday fand heraus, dass ein äußeres elektrisches Feld dem Innern einer metallischen Umhüllung nichts anhaben kann.

Sinkflug

Werden die Triebwerke schließlich deutlich und über einen längeren Zeitraum leiser, kündigt sich der Sinkflug an. Das geschieht schon, wenn sich das Flugzeug noch weit vom Zielflughafen entfernt befindet. Fliegt eine Maschine in einer Flughöhe von 37.000 ↗Fuß, wird die Reiseflughöhe rund 200 km vor dem Ziel verlassen. Das Flugzeug schlägt jetzt einen Kurs ein, der es zur Landebahn des Zielflughafens führen wird. Nun können gelegentlich die Spoiler beobachtet werden, die an der Oberseite der Tragflächen ausfahren, die Geschwindigkeit verringern und Höhe abbauen. Dabei kommt es gelegentlich zu Vibrationen – oder sogar einem leichten Schütteln – was auch im Innenraum spürbar ist.

Fuß
1 Fuß = 0,305 m

Tragflächenschwingungen
Das Schwingen der Tragflächen ist übrigens Absicht. Elastische Flügel mildern Turbulenzstöße gegenüber der Kabine ab.

027-flAbb.: li

Wenig später wird das Anschnallzeichen aufleuchten und auch akustisch angekündigt. Die Stewardessen beginnen jetzt in der Regel damit, noch in der Kabine verbliebenes Geschirr einzusammeln, eine Durchsage fordert zum **Anschnallen** auf. Ist die Maschine tiefer gesunken, fahren die Landeklappen in mehreren Stufen aus. Jedesmal ist eine **Verlangsamung** des Flugzeugs zu spüren. In der Kabine kann wieder ein Summen zu hören sein.

Das **Ausfahren der Klappen** lässt sich – insbesondere an der Rückseite der Tragflächen – gut durch das Kabinenfenster beobachten.

028-fl Abb.: li

▲Das Ausfahren der Landeklappen an der Rückseite

Die Landung

Je nach Dichte des Luftverkehrs erfolgt der Anflug auf den Flughafen relativ direkt oder auch über **Warteschleifen.** In beiden Fällen ist das **Ausfahren des Fahrwerks** – hörbar durch ein leichtes Rumpeln – sicheres Zeichen dafür, dass die eigentliche Lan-

029-fl Abb.: li

▲ *Die Maschine bremst nach der Landung ab. Die Spoiler sind aufgestellt.*

dung beginnt. Jetzt dauert es bis zum **Aufsetzen** nicht mehr lange. Turbulenzen schütteln das Flugzeug möglicherweise wieder (siehe S. 43 „Wind und Wetter"). Setzt die Maschine auf, passieren mehrere Dinge kurz hintereinander: Die **Störklappen** werden aufgestellt und die Maschine wird über die **Bremsen** am Fahrwerk und die **aktivierte Schubumkehr** (siehe S. 30) abgebremst. Das alles dient dazu, die Maschine möglichst schnell zum Stehen zu bringen.

Harte Landung
Es gibt Flughäfen, die für ihre harten Landungen bekannt sind. Quito in Ecuador ist so ein Airport. Hier müssen die Piloten aufgrund hoher Berge in der Nähe einen steileren Landeanflug als sonst üblich fliegen. In Samos, Griechenland, zwingt sie ein starker Nordwind aufgrund der geographischen Situation häufig ebenfalls zu einer harten Landung.

Beliebt bei Passagieren sind natürlich **weiche Landungen,** die kaum zu spüren sind. Eine **harte Landung** ist aber nicht unbedingt eine schlechte Landung. Bei starken Wind zum Beispiel führen die Besatzungen vieler Fluggesellschaften die Landung mit höherer Geschwindigkeit durch als bei Windstille. Das dient der **Sicherheit,** denn durch die hö-

030-fl Abb.: li

here Geschwindigkeit ist das Flugzeug weniger anfällig gegen die Kraft plötzlich auftretender Böen. Eine höhere Geschwindigkeit führt zu einer härteren Landung. Eine solche ist bei sehr schlechtem Wetter ein Beleg dafür, dass die Crew ihr Handwerk versteht.

▲ Routine für die Crew: eine saubere Landung.

Auf dem Boden angekommen, steuert die Maschine das **Terminal** oder das Vorfeld an. Beim Rollen fahren die Klappen in die **Ausgangsstellung** zurück.

031-fl Abb.: li

Im Cockpit

Die Abläufe im Cockpit moderner Verkehrsflugzeuge sind so weitgehend standardisiert und eingeübt, dass sich der Passagier dem Verkehrsmittel Flugzeug beruhigt anvertrauen kann. Mit dem zunehmenden Wissen um die hier angewandten Verfahren wächst gleichzeitig auch das Vertrauen in die Sicherheit.

Dispatch
Beim Dispatch werden alle nötigen Informationen wie Wetter, Funkfeuer, eventuelle Umleitungen die für die Flugstrecke wichtig sind, angezeigt.

Befragt nach den Gründen für ein unbehagliches Gefühl beim Fliegen, gibt ein sehr großer Teil der Passagiere – darunter auch solche ohne Flugangst – an, sich während des Fluges **ausgeliefert** zu fühlen. Verständlich: Die Vorgänge im Cockpit während eines Fluges sind tatsächlich sehr **komplex** und für den „nicht Eingeweihten" nur schwer zu verstehen. Ein Einblick ins Cockpit ist den Passagieren während eines Fluges nur selten – und wenn, dann kurz – gewährt. Ein Blick hinter die fast immer geschlossene Cockpittür offenbart aber interessante Einblicke in die Welt des zivilen Luftverkehrs. Wer hier die Abläufe versteht, gewinnt weitere Sicherheit. Zusätzlich kann er sich auf viele Fragen und Unsicherheiten, die während eine Fluges entstehen und zu Flugangst führen können, selbst eine Antwort geben.

▶ Startgeschwindigkeit und andere Daten eines Fluges der Fluggesellschaft Eurowings von Bremen nach Kos und Rhodos werden in einem Formular notiert. Die Abhebegeschwindigkeit heißt VR. Sie steht unten rechts und ist in Meilen pro Stunde angegeben.

Vor dem Flug

Bei einem typischen Flug beginnt der Dienst für die Crew eine bis eineinhalb Stunden – je nach Fluggesellschaft – vor dem Abflug. **Kapitän** und der **1. Offizier** werden nach Möglichkeit bei jedem Flug neu zusammengestellt. Mit dieser Maßnahme wird Fehlern, die sich durch eine allzu große Routine und Vertrautheit einschleichen können, vorgebeugt. Nach einer kurzen Begrüßung besprechen die Piloten die Daten vom ↗Dispatch. Dabei handelt es sich um Wetterdaten und wichtige Informationen zur **geplanten Flugroute,** die für jeden Flug aktuell zusammengestellt werden. Im Anschluss begibt sich die gesamte **Besatzung** zum Flugzeug. Während des Flugs arbeiten Kapitän und 1. Offizier als Team zusammen. Jeder übernimmt einen genau definierten Teil der Arbeiten an Bord.

Flugdaten und Kontrolle

Unabhängig von der Arbeitseinteilung im späteren Flug gibt davor, noch am Boden, der 1. Offizier bei fast allen Fluggesellschaften die Daten in den **Bordcomputer** ein und rechnet die **Startgeschwindigkeiten** aus. Dafür geht er sofort nach Ankunft an Bord.

Der Kapitän nimmt währenddessen eine **Außenkontrolle** des Flugzeugs auf sichtbare Schäden vor. Dabei sieht er sich zum Beispiel den Zustand der Reifen sehr genau an. Anschließend betritt auch der Kapitän das Flugzeug.

Arbeitsteilung

Die Einteilung der Arbeit im Cockpit während des Fluges erfolgt nach folgendem Schema: Ein Crewmitglied fungiert als so genannter „Pilot Flying", der andere übernimmt die Aufgabe des „Pilot Not Flying". Auch der Kapitän kann Pilot Not Flying sein. Grundsätzlich ist der Pilot Flying vor allem für das eigentliche Fliegen zuständig. Sein Kollege übernimmt den Funkverkehr, anfallende Schreibarbeiten sowie einen Großteil der Eingaben von Flugdaten in den Bordcomputer. Beide Piloten überwachen außerdem die Handlungen des jeweils anderen.

033-fl Abb.: li

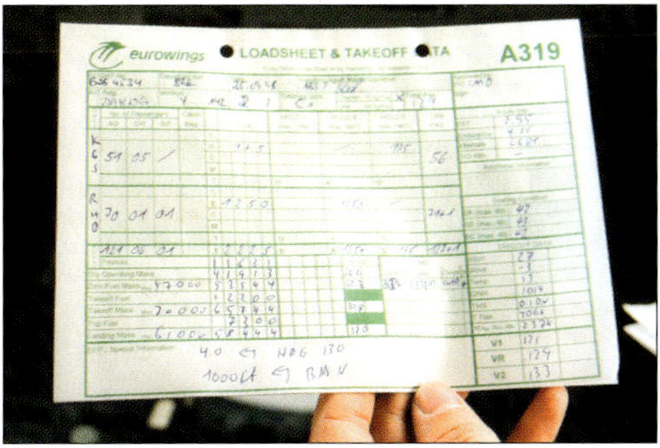

Die Berechnung wesentlicher Flugdaten erfolgt heute häufig mit einem Laptop.

032-fl Abb. li

034-fl Abb. li

035-fl Abb. li

▲▲ *Außencheck: Der Kapitän überprüft besonders den Zustand der Reifen.*

▲ *Die eigentlichen Navigationsdaten werden vom Copiloten in das Eingabegerät in der Mittelkonsole getippt.*

Der 1. Offizier schließt jetzt die Dateneingabe in den Computer des **Flight Management Systems** (FMS) ab. Dabei hat er den gesamten geplanten Flugverlauf in den Rechner eingetippt. Dies geschieht über das Eingabegerät des FMS, das sich auf der Mittelkonsole zwischen den beiden Piloten befindet. Optisch sieht es wie ein Taschenrechner mit dazugehörigem Bildschirm aus.

Entsprechend der Eingaben des Copiloten wird das FMS – man kann es auch als **Flugführungsystem** bezeichnen – später während der Reise die Maschine auf der gewünschten Route führen.

Es übernimmt dabei die Funktion eines übergeordneten **Steuersystems,** das eine Vielzahl von Arbeiten im Cockpit erledigt und damit die Piloten ganz wesentlich während des Fluges entlastet. Um das zu tun, ist das FMS mit dem **Autopiloten** verbunden und kann darüber die Maschine auf dem Kurs steuern, den die Piloten – in diesem Fall der Copilot – zuvor eingegeben haben.

Navigationssysteme

Bleibt die Frage, woher der Bordcomputer weiß, wo sich die Maschine in einem bestimmten Moment

036-fl Abb.: li

▶ *Der Autopilot einer Boeing 737 der Deutschen BA beim Landeanflug auf München.*

befindet. Denn nur wenn das klar ist, können die Streckenwünsche der Crew präzise umgesetzt werden. Den entsprechenden „Input" an Navigationsdaten bekommt das FMS durch **Navigationsinstrumente,** auf die es zurückgreifen kann. Um die größtmögliche Sicherheit zu schaffen, gibt es davon gleich mehrere verschiedene.

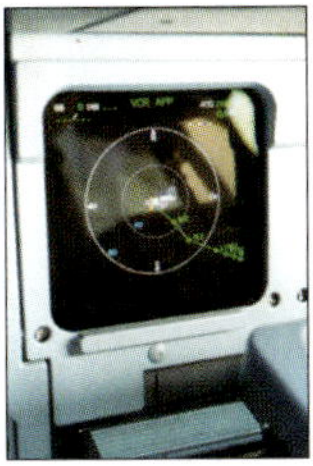

037fl Abb.: li

▲ *Der eingegebene Kurs ist anschließend auf dem Bildschirm im Cockpit zu sehen.*

Basissystem

Basissystem sind dabei **Empfangsgeräte,** mit denen das Flugzeug UKW-Funksignale empfängt, die extra dafür eingerichtete Sender am Boden abstrahlen.

Während eines Fluges bewegt sich ein Flugzeug anhand der Funkstrahlen von einem Sender zum nächsten. Die Maschinen fliegen dabei hintereinander auf sogenannten Luftstraßen die – ähnlich den Autobahnen auf der Erdoberfläche – durch Nummern und Buchstaben gekennzeichnet sind.

Früher mussten die Piloten den Empfang eines jeden ↗Funkfeuers während des Fluges manuell einstellen und den Kurs auf Karten mitzeichnen. Das braucht heute niemand mehr. Statt dessen wird die geplante Strecke vor Beginn des Fluges in den Computer eingegeben. Der Bordcomputer wählt die Funkstationen dann während des Fluges automatisch an und bestimmt dadurch die Position.

Funkfeuer
Das Funkfeuer ist ein UKW-Sender, mit dessen Hilfe man seine eigene Position bestimmen kann.

Alternativen

Alternativ greift der Computer bei der Navigation aber auch noch auf andere zusätzliche Systeme zurück. Das schafft **zusätzliche Sicherheit,** da Abweichungen vom Kurs sofort auffallen. Es ist aber auch sinnvoll, weil nicht überall auf der Welt – zum Beispiel über den Ozeanen – Funksender vorhanden sind. Zu den traditionellen Hilfsmitteln gehört dabei das **Trägheitsnavigationssystem.** Es ist eine zweite wichtige Basis der Navigation und wie die **Funknavigation** seit langem erprobt und bewährt.

Grob vereinfacht gesagt, handelt es sich um ein System, das jede Bewegung des Flugzeugs mittels sehr empfindlicher Sensoren „erfühlt" und so den ursprünglichen Standort der Maschine, den die Crew am Terminal jeweils vor einem Start eingibt, während des gesamten folgenden Fluges weiter fortrechnet.

GPS

Ein weiteres System, dem wahrscheinlich die Zukunft gehören wird, ist das Global Positioning System (GPS). Dabei wird der Standort des Flugzeugs mittels Satelliten bestimmt. Seine Anwendung gehört in den Cockpits moderner Verkehrsflugzeuge zur alltäglichen Routine. Formal hat es aber bisher nur den Status eines ergänzenden Navigationssystems. Auch die aus GPS gewonnenen Navigationsdaten dienen bisher im wesentlichen noch dazu, die definierten Luftstraßen einzuhalten.

Zur Startbahn

Sind die Passagiere an Bord, und ist die Fracht eingeladen, kann sich die Maschine auf den Weg zur Startbahn machen. Ein **Schlepper** stößt das Flugzeug vom Terminal zurück, der 1. Offizier holt per Funk die Genehmigung zum **Anlassen** der Triebwerke ein. Einen Moment später laufen die Turbinen, und das Flugzeug rollt nun aus eigener Kraft zur Startbahn, die den Piloten per Funk vom Tower des Flugplatzes zugewiesen wird.

Alle wesentlichen Vorgänge an Bord werden durch das Lesen von **Checklisten** – die in diesem Fall der Copilot vorliest und der Kapitän durch das Wort „checkt" bestätigt – abgesichert. Auch das dient der Sicherheit. Dadurch wird gewährleistet, dass nicht einmal aus Versehen ein Aggregat oder System falsch eingestellt ist.

Das Rollen am Boden übernimmt in jedem Fall immer der Kapitän. Das Flugzeug wird hierbei mittels einer kleinen **Kurbel,** die sich links vom Kapitänssitz befindet, gesteuert. Am Flugzeug selbst ist das vordere Fahrwerk lenkbar. Diese Funktion kommt aber nur beim Rollen zum Einsatz. Bei Start und Landung erfolgt das Lenken mit dem Seitenruder an der Heckflosse.

Der Start

038-fl Abb. li

▲ *Der Kapitän schiebt den Schubhebel nach vorn – das Flugzeug beschleunigt.*

Vor dem Start muss die Besatzung auf die **Startfreigabe** warten. Ist sie erteilt, schiebt der Pilot Flying – das ist in diesem Fall der Kapitän – die Schubhebel nach vorn. Das Flugzeug beschleunigt.

Der Start erfolgt nun nicht willkürlich, sondern aufgrund der **Startdaten,** die vor dem Flug berechnet wurden. Darin ist zum Beispiel das – durch Kerosin, Fracht und Passagiere – vorhandene **Gewicht** des Flugzeugs berücksichtigt. Je höher das Gewicht, um so länger ist die Strecke, die das Flugzeug zum Abheben benötigt. Die Geschwindigkeit wird dabei im Flugzeug in Knoten angezeigt. 100 Knoten sind eine wichtige Marke. Ist diese erreicht, ruft der Pilot Not Flying „one hundred". Der Kapitän erwidert mit „checkt". Dadurch soll gewährleistet sein, dass das zweite Besatzungsmitglied den Start **aktiv überwacht.** Außerdem überprüft die Crew damit, ob die **Geschwindigkeitsmesser,** die sich vor den beiden Piloten befinden, übereinstimmende Werte anzeigen. Noch immer hat der Kapitän die Hand auf dem Schubhebel. Dadurch wird erreicht, dass er diesen in einem Notfall so schnell es geht zurückziehen kann.

Einen Moment später ist ein sehr wichtiger Geschwindigkeitswert erreicht, der von den Piloten als ↗V1 bezeichnet wird und zuvor ausgerechnet wurde. Ist diese Geschwindigkeit erreicht, ruft der Copilot deshalb laut „go". Jetzt nimmt der Kapitän die Hand von den Schubhebeln, um im Fall der Fälle gar nicht mehr in Versuchung zu kommen, sie zurückzuziehen.

Einen Moment später ruft der Pilot Not Flying „rotate" aus. Damit ist die **Abhebegeschwindigkeit** – je nach Gewicht um die 300 km/h – erreicht. Der Kapitän zieht am **Steuerhorn,** und das Flugzeug hebt ab.

V1

V1 ist die Geschwindigkeit, ab der in jedem Fall gestartet werden muss, selbst wenn es jetzt zum Beispiel zu einem Triebwerksschaden kommen würde. Der Grund liegt in der Länge der Startbahn. Ab V1 wäre es nicht mehr möglich, die Maschine vor dem Bahnende abzubremsen.

▶ *„Rotate" - auf diesen Hinweis hin zieht der Kapitän am Steuerhorn dieses Airbus A310 in Frankfurt. Die Maschine hebt ab.*

088-fl Abb.: li

Das Fahrwerk wird eingefahren, wenig später folgen die Klappen, und das Flugzeug wird auf dem vorher festgelegten **Abflugkurs** geflogen. Dieses geschieht immer im engen Funkkontakt mit den **Fluglotsen.** Jetzt schaltet die Crew den Autopiloten ein. Dieser beginnt, den zuvor eingegebenen Kurs abzufliegen. Er kann aber jederzeit von der Besatzung in Abstimmung mit den Fluglotsen geändert werden.

Der eigentliche Reiseflug verläuft etwas ruhiger. Gelegenheit für die Piloten, einen ersten Kaffee zu trinken. Während des Fluges überwacht die Crew vor allem die Instrumente. Daneben ist immer wieder **Funkverkehr** abzuwickeln. Auf der Flugroute gibt es genau definierte Stellen - die Pflichtmeldepunkte - an denen die Besatzung zu der **Bodenverkehrskontrolle** Kontakt aufnehmen muss. Das wiederum führt immer wieder zu **Kursänderungen,** die dann wiederum von der Crew umgesetzt werden müssen. Ist eine bestimmte Höhe auf einer **Luftstraße** zum Beispiel sehr dicht beflogen, bekommt die Maschine eine andere **Flughöhe** zugewiesen. Ist der Luftraum im Gegensatz dazu sehr leer, kann der Besatzung die Möglichkeit zum Fliegen einer **Abkürzung** von der **Luftverkehrskontrolle** angeboten werden. Letzteres geschieht gerade abends und nachts häufiger.

Hebel zum Ausfahren des Fahrwerks. Schräg darüber, das runde Instrument, zeigt an, dass die Landeklappen in der Stellung „30°" ausgefahren sind. Geschwindigkeitsmesser: rechts vom Fahrwerkshebel; links davon: Rundinstrumente der Triebwerke für die Öltemperatur und den Öldruck.

Der Landeanflug

Kurz vor der Landung werden das Fahrwerk und die Landeklappen in verschiedenen **Stufen** ausgefahren. Der Anflug erfolgt auf einem genau vorgeschriebenen **Flugweg.** Befinden sich sehr viele Flugzeuge in der Luft, ist es möglich, dass die Maschine vor der Landung zunächst einige **Warteschleifen** fliegen muss. Der ganze Anflug findet wieder in enger Abstimmung mit der Luftverkehrskontrolle statt.

In der Warteschleife

Bei einer Warteschleife werden alle Flugzeuge, die sich im Anflug auf den Airport befinden, hintereinander auf einer Flugbahn, die immer wieder im Kreis führt, eingefädelt. Wie bei einer Spirale sinken sie im Flug dabei immer ein bißchen tiefer. Jeweils die Maschine, die einen bestimmten Punkt auf der Spirale erreicht hat, wird zur Landung freigegeben.

Die Landung

Erst direkt vor der Landung schaltet die Besatzung den Autopiloten aus. Beim **Anflug** auf die **Landebahn** orientieren sich die Piloten am sogenannten **Instrumenten-Lande-System** (ILS). Es basiert auf **Richtstrahltechnik,** bei der zwei Sender für jede Landerichtung eingesetzt werden. Vereinfacht ausgedrückt, liefert der eine Sender der Besatzung im Cockpit die Information, ob sie zu weit rechts oder links von der Landebahn „hereinkommt“, der andere Sender gibt die Information über die richtige Höhe – den **Gleitpfad** – des Anfluges ab. Beide zusammen führen das Flugzeug zum optimalen **Aufsetzpunkt** auf der Landebahn.

Nummerierung
Die Start- und Landebahnen sind immer nummeriert. Die entsprechende Zahl wird gerne von Piloten bei ihrer Bordansage „Wir sind eben auf der 09 gestartet ...“ genannt. Die Zahl richtet sich nach der Himmelsrichtung. 09 bedeutet, daß die Startbahn in einem Winkel von 90 Grad – also genau nach Osten ausgerichtet ist.

Die Crew sieht dazu auf ihren Instrumenten zwei Linien, die beim Anflug eingeblendet werden. Die beiden Linien stehen für die Position des Flugzeugs. Die eine Linie steht senkrecht, die andere waagerecht. Bilden beide ein Kreuz in der Mitte des Instrumentes, befindet sich das Flugzeug exakt auf dem Gleitpfad. In den meisten Verkehrsflugzeugen sind die Linien nur durch zwei Markierungen gekennzeichnet.

Während des Landeanfluges sagt im Cockpit eine künstliche Stimme die **Höhe** an, in der sich das Flugzeug befindet. Nach „One-Hundred – Fifty – Thirty“ ist dann recht schnell „Retard ... Retard ... Retard“ zu hören, der Hinweis zum **Bremsen** des Flugzeugs, das nun aufgesetzt hat. Jetzt wird Geschwindigkeit abgebaut. Dieses geschieht durch den gleichzeiti-

042-fl Abb.: li

Kurz vor dem Aufsetzen auf der Landebahn des Flughafens auf der griechischen Insel Kos. Dieser Platz ist noch nicht einmal mit einem ILS-System ausgestattet.

gen Einsatz der **Störklappen,** die sich auf den Tragflächen in den Wind stellen, Luftwiderstand erzeugen und den Auftrieb abbauen, der **Bremsen am Fahrwerk** und des Umkehrschubs. Ist das Flugzeug abgebremst, schließt der Kapitän die Schubumkehr und steuert die Maschine über die **Taxiways** zum Terminal, wo sie schließlich andockt. Beim Rollen fährt die Besatzung die Flaps, Slats und Störklappen wieder ein.

Nach der Landung

Kaum angekommen, erfolgt die Vorbereitung der Maschine für den nächsten Flug. Eine **Bodenzeit** von unter einer Stunde ist dabei keine Seltenheit. Dabei wird das Flugzeug in der Kabine gereinigt, Fracht und Koffer werden aus- und wieder eingeladen und die Tanks erneut gefüllt.

Je nach Länge des Fluges hat die Besatzung damit Feierabend oder fliegt die Maschine auch beim nächsten Flug.

Ist das der Fall, besteht für Piloten und Kabinenpersonal Gelegenheit zu einer kurzen Pause, bevor die Vorbereitungen für den nächsten Flug beginnen.

043-fl Abb.: li

◄ *Während der Bodenzeit wird Kerosin in die Tragflächentanks gepumpt.*

Stewardessen der Fluggesellschaft Emirates bei einem kurzen Zwischenstopp

Der Arbeitseinsatz einer Crew wird als **Umlauf** bezeichnet. Bei typischen Urlaubsflügen ist die Besatzung auf dem Hin- und Rückflug im Dienst. Das gilt für Flüge nach Griechenland, Mallorca bis hin zu den Kanarischen Inseln. Bei Langstreckenflügen wird die Crew unterwegs gewechselt.

Ein Beispiel: Das Flugzeug fliegt von Frankfurt nach Bogata in Kolumbien und dann weiter nach Quito in Ecuador. Von Quito führt der Flug nach Caracas in Venezuela, von dort zurück nach Frankfurt. Die Maschine ist dabei, von kurzen Bodenzeiten abgesehen, permanent unterwegs. Die erste Crew fliegt die Maschine aber nur von Frankfurt nach Bogota. Dort steigt eine neue Besatzung in das Flugzeug und steuert es nach Quito und dann nach Caracas. Hier erfolgt wieder ein Wechsel. Die nun zusteigende Mannschaft fliegt nach Frankfurt. Für die Passagiere wird der Flug wahrgenommen als Verbindung von Frankfurt nach Quito und zurück.

045-fl Abb.: lh

Eingebaute Sicherheit

Warum das Flugzeug ein so sicheres Verkehrsmittel ist

Ein Grund, warum viele Menschen dem Fliegen mit einer gewissen unterschwelligen Unsicherheit entgegentreten, liegt sicher auch darin begründet, dass Fliegen für den Menschen eine unnatürliche Fortbewegungsart darstellt. Wer mit dem Auto, Bus oder Zug fährt, ist zwar schneller als er es zu Fuß wäre, er verlässt aber nicht den Erdboden. Das ist beim Fliegen anders. Hier kommt mit dem Abheben eine weitere Dimension, die Bewegung in der Höhe, hinzu. Das macht eine Reise in der Luft in vieler Hinsicht anders, schwieriger und vor allem komplexer als die Fortbewegung auf dem Boden. Und gerade weil das so ist, wurde die Technik im Luftverkehr in vielen Jahren so entwickelt und abgesichert, dass dadurch die Risiken mehr als aufgewogen wurden, was sich nicht zuletzt an den Statistiken über die Opfer der verschiedenen Verkehrsmittel ablesen lässt. Entwickelt wird ein Flugzeug heute weitgehend am Computer.

Parallel dazu werden Materialien und erste Bauteile bereits auf ihre Belastbarkeit getestet. Wenn der erste **Prototyp** eines neuen Verkehrsflugzeugs – egal ob bei Boeing oder Airbus – gebaut ist, muss dieser ein regelrechtes **Torturprogramm** über sich ergehen lassen. Zunächst stehen zahlreiche **Schwingungs-** und **Funktionstests** auf dem Programm.

Generell simulieren die Flugzeugbauer in **mehrjährigen Dauertests** alle Belastungen, denen ein Flugzeug im Laufe seiner Dienstzeit ausgesetzt wird – und noch weit darüber hinaus. Dazu wird ein Flugzeug in mehrere Teile, den vorderen Rumpf, mittleren Rumpf, Heck, Tragflächen und Leitwerk zerlegt.

Versuchsaufbau und Tests

Diese Teile werden auf einen Versuchsaufbau montiert. Sie haben dabei noch keine Einbauten, sondern nur die Strukturbestandteile, auf die es ankommt. Die Rumpfteile werden durch **Druckschotten** so abgedichtet, dass auch Druckunterschiede simuliert werden können.

Die Turbinen und das Fahrwerk sind in dieser Phase der Konstruktion noch nicht montiert. Damit die Tests trotzdem möglichst realistisch stattfinden, sind Stahldummies angebaut. Statt der Düsen hängen dann identisch schwere Gewichte an den Originalaufhängungen der Tragflächen. Einzelne Teile des Flugzeugs werden jetzt mit einer Menge **Druckzylindern** versehen.

Durch diese Druckzylinder können verschiedene Belastungen des Flugs simuliert werden. Konkret sieht das so aus, dass zum Beispiel unter den Tragflächen mehrere Druckzylinder angebracht sind. Diese fahren hydraulisch rauf und runter und setzen dadurch die Tragfläche entsprechenden Bewegungen aus. Auch im realen Flug wird die Tragfläche hochgebogen, durch den Auftrieb, aber auch durch Turbulenzen.

Belastung
Wer sich die entsprechenden Belastungsdiagramme ansieht, ist zunächst überrascht: Die stärksten Ausschläge in der Belastungskurve werden bei der Landung verzeichnet, nicht etwa, wie man annehmen könnte, bei Turbulenzen.

Die gesamte Hydraulik, bestehend aus sehr vielen Druckzylindern, simuliert den Alltag des Flugzeugs in sehr komprimierter Form. Dabei wird auch berücksichtigt, ob es sich um ein Kurzstrecken- oder ein Langstreckenflugzeug handelt. Ein Kurzstreckenflugzeug landet zum Beispiel rund 8-mal am Tag, ein Langstreckenflugzeug nur 1- bis 2-mal. Die Techniker kennen die Belastungen, die bei den unterschiedlichen Flugsituationen – zum Beispiel Reiseflug, Turbulenzen, Landung – auftreten.

Die Testanlage ist so eingestellt, dass sie genau diese Werte im Versuchsaufbau reproduziert. Auch die unterschiedlichen **Wetterbedingungen** fließen ein. Wie in der Realität „fliegt" auch die Maschine im Versuchsaufbau bei schönem Wetter, dann aber auch wieder bei – von den Druckzylindern simuliertem – schlechtem Wetter. Vom Ablauf her läuft die Simulation genauso ab wie der normale Flugalltag. Erst kommt das Stehen, dann das Rollen am Boden, das Beschleunigen, das Abheben, der Flug, Turbulenzen, die Landung, das Rollen. Nur dass alles zeitlich zusammengezogen stattfindet, denn natürlich hat kein Flugzeughersteller Zeit, ein ganzes Flugzeugleben lang auf Testergebnisse zu warten.

Insgesamt wird mindestens ein **zweifaches Flugzeugleben** simuliert. Airbus geht davon aus, dass ein Airbus A300 üblicherweise eine Lebensdauer von 25 Jahren erreicht. Das entspricht 48.000 Flügen. Getestet wird im Versuchsaufbau aber der doppelte Zeitraum, also 50 Jahre. Bei der neueren Entwicklung, dem Airbus A320, wurden sogar 120.000 Flüge simuliert.

Verformung

Die Verformung bezieht sich auf die Flügelspitzen und gibt die Anhebung im Vergleich zum entlasteten Zustand an. Übrigens: Je mehr sich die Tragflächen verformen können und je leichter das geschieht, um so komfortabler ist der Flug für den Passagier.

Bei diesen Ermüdungstests werden bei einem Airbus A340 die **Flügel bis 2,7 m ↗verformt.** Und das nicht nur einmal, sondern regelmäßig über einen langen Zeitraum, denn diese Verformung entspricht dem, was bei rauem Wetter im Flugbetrieb durchaus vorkommen kann.

Im realen Flug beträgt die Verformung durch den Auftrieb bereits 1 m. Der Rest sind mehr oder weniger heftigen Turbulenzen. Über diese regelmäßige Dauerbelastung hinaus ist Airbus aber noch weiter gegangen und hat auch die **Bruchsicherheit** der Tragflächen getestet. Hierbei wurden die Tragflächen der A340 um 4,9 m durchgebogen – ohne besondere Vorkommnisse. Rein rechnerisch ist nach Angaben der Airbus-Ingenieure sogar eine Verbiegung von knapp über 5 m möglich.

Bei anderen Tests werden auch die regelmäßigen **Druckunterschiede** des Rumpfes während des Fluges simuliert.

Eine unfreiwillige Belastungsprobe

Welche Belastungen ein modernes Verkehrsflugzeug heutzutage verträgt, wurde am 11. Februar 1991 bei dem Flug eines Airbus A310 der Fluggesellschaft Interflug nach Moskau deutlich.

Für die Piloten der ehemaligen DDR-Staatslinie stellte der Airbus zu diesem Zeitpunkt ein völlig neuartiges Flugzeug dar. Sie waren zuvor vor allem Propellermaschinen mit deutlich weniger Leistung geflogen. Mit 100 Passagieren an Bord befanden sich die Piloten im Landeanflug auf den Flughafen Sheremetyevo. Entsprechend der bevorstehenden Landung war die Maschine bereits sehr langsam. Plötzlich teilte ihnen der Fluglotse mit, dass die Landebahn blockiert sei. Die Piloten reagierten schnell und leiteten ein sogenanntes „Go-Around" ein.

▼ Ein Airbus A310. Mit diesem Flugzeugtyp - nur mit anderer Lackierung - erfolgte der Zwischenfall in Moskau. Die abgebildete Fluggesellschaft hatte damit nichts zu tun.

047-fl Abb.: ai

Um dieses möglichst effektiv einzuleiten, ist in den **Bordcomputern** ein entsprechendes **Durchstartprogramm** programmiert. Dieses aktivierten die Piloten. Die Triebwerke liefen sofort auf volle Leistung hoch, Piloten und Passagiere wurden in die Sitze gepresst und das Flugzeug beschleunigte wieder. Alles verlief ohne Probleme – unter Regie des **Autopiloten.** Die Maschine gewann nun mit der **maximalen Steigleistung** von 6.000 Fuß pro Minute sehr schnell Höhe. Das bedeutete aber auch, dass der Airbus relativ steil flog. Das aber wurde nun den propellergewöhnten Piloten unheimlich. Spontan versuchten sie, den Steuerknüppel herunterzudrücken und die Flugbahn dadurch flacher zu bekommen. Was sie nicht wussten: Den Druck auf die **Steuersäule** interpretierte der Autopilot nicht als Willen der Piloten, sondern schlicht als Gegendruck, wie er auch durch eine Windböe auftreten kann. Stur hielt er sich an seine Programmierung, die ihm vorschrieb, das an Steigleistung aus dem Flugzeug herauszuholen, was möglich ist – eine in der Praxis normalerweise ja auch durchaus sinnvolle Anweisung. Also steuerte der Autopilot gegen und benutzte dazu die **Trimmung** am Heck des Flugzeugs. Der Flug wurde wieder steiler, was wiederum die Crew veranlasste, den **Steuerknüppel** noch ein bisschen mehr zu drücken – mit der entsprechenden Gegenreaktion des Computers. Das ging noch einige Momente so weiter, wobei letztlich die Verstellung der Trimmung und damit der Bordcomputer den größeren Effekt erzielte. Schließlich flog das Flugzeug **senkrecht** in den Himmel. Für diese Fluglage reichten aber selbst die sicher nicht klein dimensionierten Düsen des Airbuses nicht mehr aus. Die Geschwindigkeit des

Go-Around

Bei einem Go-Around wird der Anflug abgebrochen und die Maschine wieder auf Höhe gebracht, um schließlich nach einem für jeden Flugplatz genau vorgeschriebenen Verfahren erneut zur Landung anzusetzen.

Flugzeugs sank rapide ab, es kam zu einem ➚Abriss der Luftströmung. Die Folge: Das Flugzeug stand fast senkrecht in der Luft, verharrte so einen Moment und kippte einen Augenblick später über die rechte Tragfläche, um mit dem Bug voran Richtung Boden zu stürzen. Dabei gewann das Flugzeug aber wieder an Geschwindigkeit. Da zudem die Triebwerke auf voller Leistung liefen, die Trimmung weiterhin auf Steigflug gestellt war, es zudem über ausgewogene, selbststabilisierende aerodynamische Eigenschaften verfügte, fing sich die Maschine von selbst über dem Boden wieder ab – und setzte vor den Augen der völlig verdatterten Piloten erneut zum Steigflug an. Der ganze Vorgang wiederholte sich noch zweimal, bevor die Crew wieder die Kontrolle gewann und die Maschine in Moskau landeten. Gegen diese Sturzflüge nehmen sich Luftlöcher und Erschütterungen, wie sie der normale Fluggast erlebt, sicher bescheiden aus.

Abriss
Ist das Flugzeug zu langsam und die Nase dabei zu sehr angehoben, verwirbelt der Luftstrom und die Auftriebskraft kann nicht mehr wirken.

Das Flugzeug wurde anschließend von Airbus vermessen. Es zeigte sich, dass es keine strukturellen Schäden gegeben hatte. Interessant dabei: Die **Beschleunigungswerte** waren alle kleiner als 2,5 g. Das liegt noch unter dem, wofür der Airbus ausgelegt ist. Einige Zahlen zum Vergleich: Im normalen Reiseflug bei ruhiger Wetterlage treten Belastungen von 1,3 g auf. Bei rauer Wetterlage, mit „Luftlöchern", Windböen und kräftigem Geschüttel, also dem Zustand, bei dem sich so mancher Passagier fragt, ob das Flugzeug diesen Belastungen wohl gewachsen ist, sind es bis zu 1,8 g. Ein Airbus A340 aber zum Beispiel erträgt Belastungen von 4,5 g. Das jedenfalls hat die Maschine in statischen Tests zur Bruchbelastung bewiesen.

Die Ex-Interflug-Maschine ist übrigens auch heute noch im Einsatz. Sie wurde später umlackiert und der Luftwaffe überstellt, wo sie heute als **Kanzlermaschine** im Einsatz ist.

Schwingungstests

Moderne Verkehrsflugzeuge können aber nicht nur große **Beschleunigungsbelastungen** aushalten. Sie werden auch so konstruiert, dass sie mögliche Schäden zum Beispiel durch Risse in der Flugzeugstruktur möglichst gut tolerieren. Dabei versuchen die Ingenieure nicht nur, das Flugzeug so zu bauen, dass keine Risse entstehen. Es wird darüber hinaus in allen Bereichen so konzipiert, dass es Beschädigungen, sollten sie einmal – aus welchen Gründen auch immer eintreten – möglichst gut toleriert. Basis dafür ist das sogenannte **Damage Tolerance Concept,** das weltweit seit 1978 angewandt wird. Die Airbus-Flugzeugbauer fügen der Flugzeugstruktur in einer zweiten Phase bei den Ermüdungstests absichtlich Schäden zu. So bringen die Ingenieure an der Außenhaut gezielt Risse an. Türrahmen-Eckbereiche, in denen immer eine besonders hohe Spannung besteht, werden angesägt, der Ausfall von Türbeschlägen und Scharnieren geprobt und Risse an Nieten des Rumpfes verursacht. Anschließend beobachten die Fachleute, was unter Einfluss der Risse mit dem Flugzeug passiert. Hat man zum Beispiel festgestellt, dass sich im Test ein Riss von seiner entdeckbaren Länge bis zur kritischen Risslänge – der Punkt, an dem die Flugzeugstruktur versagt – innerhalb von 20.000 Testflügen entwickelt, wird im Inspektionsprogramm für den späteren Service des Flugzeugs eine Inspektion dieses Stukturbereiches nach spätestens 10.000 Flügen vorgeschrieben, wobei auch die **Art der Inspektion** – zum Beispiel mit **Ultraschall** – genau definiert ist. Das ist um so bemerkenswerter, als die Versuche zuvor ja in keiner Weise den Verdacht für einen Riss geboten haben. Die Schäden wurden willkürlich und künstlich herbeigeführt. Darauf sind die Inspektionen zugeschnitten. Daneben untersuchen die Flugzeugbauer die Auswirkungen von starken **elektromagnetischen Feldern.** Dabei wird das Flugzeug solchen Feldern ausgesetzt. Alle Flugzeugsysteme müssen einwandfrei funktionieren.

Triebwerkstest

Die Triebwerke der Flugzeuge werden nicht von den Flugzeugherstellern selbst gebaut, sondern von darauf spezialisierten Firmen. Bedeutende Hersteller sind Pratt & Whitney, Rolls Royce und General Electric. Der Aufwand, den diese Unternehmen bei der Entwicklung eines Triebwerkes leisten, ist ebenfalls groß. Ein Beispiel: Pratt & Whitney hat das Triebwerk PW 4084 extra für die neue Boeing 777 entwickelt. Mit einem Durchmesser von 2,84 m hat die Turbine riesige Ausmaße. Natürlich sind nicht alle Triebwerke so gigantisch. Aber selbst die Größe „normaler" Düsen ist immer noch beeindruckend.

Vom Grundaufbau her basiert dieses Triebwerk von Pratt & Whitney auf der bewährten 4.000er Triebwerksreihe des Unternehmens, die sich mit Millionen Flugstunden im Luftverkehrs bereits seit vielen Jahren fest etabliert hat. Auf die ersten Prototypen der neuen Variante wartete trotzdem ein gna-

089-fl Abb.: sw

Bei der Wartung von Triebwerken. Die Mechaniker könnten bequem darin stehen.

denloses **Erprobungsprogramm.** So bauten die Triebwerkshersteller absichtlich **Unwuchten** ein und nahmen die Turbine anschließend mit voller Leistung in Betrieb. Ziel war es, ihr Verhalten bei extremen Vibrationen zu testen. Auf speziellen Probeständen wurden riesige **Wassermengen** in die Düse gespritzt, während sie mit **Volllast** lief. Auf diese Weise täuschten die Ingenieure Unwetter vor, wie sie in der Natur mit einer Wahrscheinlichkeit von 1:1 Mrd. auftreten. Unter diesen Bedingungen tat das PW 4084 völlig unbeeindruckt seinen Dienst. Bei anderen Versuchen setzten die Tester es extremen **Seitenwinden** aus. Besonders spektakulär waren zwei weitere Versuche: Bei einem sprengten die Turbinenbauer während des Betriebs eine **Triebwerksschaufel** ab. Diese löste sich natürlich bei voller Rotation des Bläsers und schlug mit voller Beschleunigung gegen die Innenseite der Ummantelung. Diese musste dem Aufprall widerstehen. In einem anderen Versuch wurde das Verhalten bei **Vogelschlag** getestet. Dabei schleuderte eine Maschine gleichzeitig vier (natürlich tote) Vögel mit einem Gewicht von jeweils 1 kg in das Triebwerk. Resultat: Die Düse lief völlig unbeeindruckt weiter. Der Leistungsverlust war geringer als 1 Prozent. Nach Bestehen dieser Versuche wurde dann das Triebwerk in Hunderten von Flügen im Praxisbetrieb erprobt, bevor die Luftfahrtbehörden die Zulassung erteilten.

Testflüge

Doch zurück zum eigentlichen Flugzeug. Sind die Schwingungstests abgeschlossen, erfolgt der Erstflug, dann die Flugerprobung mit weiteren Prototypen, die mittlerweile fertiggestellt wurden. Rund 2.000 Stunden Flugtest werden absolviert, bis die

048-fl Abb.: dc

europäischen und amerikanischen Luftfahrtbehörden die **amtliche Linienzulassung** erteilen.

Bei den Testflügen wird das Verhalten der Maschine bei verschiedenen Geschwindigkeiten, auch im **Grenzbereich** und die Reaktion auf den Ausfall einzelner Systeme ausprobiert. Die Ingenieure setzen das Flugzeug dabei allen nur denkbaren Wetterbedingungen aus: Es startet und landet in extremer Hitze genauso wie bei **klirrendem Frost** im russischen Winter. Bei einem Flug über dem **Nordpol** werden die Navigationssysteme auf Herz und Nieren geprüft. Dabei müssen die Anlagen mit der Situation klarkommen, dass es plötzlich in allen Himmelsrichtungen nach Süden geht. Starts und Landungen wiederholen sich immer wieder, teils unter härtesten Bedingungen. So werden Landungen auf einer Piste durchgeführt, die zuvor so extrem **geflutet** wurde, wie es wohl im richtigen Flugzeugleben kaum vorkommen dürfte. Bei anderen Landungen erproben die Tester die **Bremsen** bis an die Grenzen der Belastbarkeit. Sollte beim Start ein Triebwerk ausfallen,

▲ *Ein Airbus A319 hebt in Hamburg-Finkenwerder zum Testflug ab.*

muss sich jedes Flugzeug **sicher beherrschen** und gegebenenfalls auch noch abheben lassen. Auch das wird getestet und funktioniert in der Praxis völlig sicher. Um für alle **Umweltbedingungen** vorbereitet zu sein, werden derartige Test zusätzlich noch unter extremen Bedingungen durchgeführt. Diese herrschen zum Beispiel auf dem Flughafen von La Paz in Bolivien, der mit einer Lage in rund 4000 Metern über dem Meeresspiegel der höchstgelegene Airport der Welt ist. Aufgrund der **dünnen Luft** seht hier ein viel geringerer Auftrieb als in Meereshöhe zur Verfügung. Auch unter diesen Umständen muss ein neues Flugzeug beim Ausfall eines Triebwerkes noch starten können.

Für die Sicherheit in einem modernen Verkehrsflugzeug sorgt außerdem das Prinzip der ↗Redundanz.

Redundanz
Dieses Prinzip besagt, dass jedes wichtige System doppelt vorhanden sein muss. Viele Systeme, zum Beispiel die Bordcomputer, sind noch häufiger vorhanden.

So verfügt ein Airbus A320 zum Beispiel über **fünf Bordcomputer,** von denen jeder einzelne in der Lage ist, alle notwendigen Arbeiten auch allein zu übernehmen. Im Normalbetrieb übernimmt ein Computer den Chefposten und delegiert Arbeiten an die anderen Computer. Jeder Rechner wird außerdem auf einem zweiten Kanal bei jedem Vorgang durch einen internen **Kontrollrechner** überprüft. Um die Möglichkeit, dass in der Software von Computer und Kontrollrechner vielleicht derselbe Programmierfehler enthalten ist, auszuschließen, werden beide Komponenten von verschiedenen Herstellern geliefert. Um ganz sicher zu gehen, ist die Software von Rechner und Prüfeinheit sogar mit **unterschiedlichen Programmiersprachen** geschrieben. Durch diese Maßnahmen wird sichergestellt, dass ein Ausfall der kompletten Bordelektronik so gut wie unmöglich ist.

Die Steuerung eines modernen Verkehrsflugzeugs muss heutzutage – egal ob mechanisch oder elektronisch – eine Ausfallwahrscheinlichkeit von weniger als 1:1 Mrd. Flugstunden erreichen.

Und sollte der **Totalausfall der Elektronik** doch einmal eintreten, ist noch immer eine **mechanisch** zu bedienende Notsteuerung vorhanden. Und falls einmal tatsächlich die **Stromversorgung** während des Fluges zusammenbrechen sollte, kann eine **Notversorgung** für die elementarsten Systeme durch einen an der Tragfläche ausfahrbaren Generator aufrechterhalten werden und gewährleistet Sicherheit.

70 x 6 Richtige!

Eine Ausfallwahrscheinlichkeit von 1:1 Mrd. Flugstunden entspricht dem 100.000fachen des Flugzeuglebens. Zum Vergleich: Es ist 70mal wahrscheinlicher, im Lotto sechs Richtige zu tippen!

Checks

Wesentlich für die Sicherheit im Luftverkehr sind auch **permanente** Kontrollen und Wartungen der eingesetzten Maschinen bei den Fluggesellschaften. Diese beginnen bei dem Check, den jeder Kapitän vor dem Flug vornimmt und führen in einem **gestaffelten System** bis zur **Generalüberholung,** bei der ein Flugzeug alle 10 Jahre komplett, bis zur letzten Schraube auseinandergenommen und untersucht wird. Anschließend ist die Maschine wieder wie neu, oft in besserem Zustand, da bei der Generalüberholung fast immer **neue Techniken** eingebaut werden, die bei der Herstellung des Flugzeugs noch gar nicht verfügbar waren. Auch allein schon deshalb ist die pauschale Unsicherheit vor älteren Flugzeugen nicht angebracht. Die Boeing 747-200, die die Lufthansa in ihrer Flotte hat, sind teilweise Ende der 70er Jahre gebaut worden. Bei guter Wartung ist das kein Problem. Die Überholung der Flugzeuge erfolgt dabei nach einem exakten System.

Pre-Flight-Check und Ramp-Check

Die Kontrolle des Flugzeugs vor jedem Flug durch den Kapitän wird als Pre-Flight-Check bezeichnet. Dazu kommt ein täglicher Ramp-Check, bei dem Reifendruck, Bremsabnutzung, Zustand der Feuerlöscher, des Sauerstoffsystems und grundlegender Cockpitsysteme überprüft werden.

Service-Check

Wöchentlich erfolgt der sogenannten Service-Check. Hierbei werden wesentliche Servicearbeiten wie eine grundlegende Säuberung der Maschine sowie das Auffüllen von Öl-, Luft- und Wasserbeständen erledigt.

A-Check

Alle 350 bis 650 Flugstunden muss das Flugzeug zum A-Check. Hierbei nehmen die Techniker ge-

▼ *Wartung eines Jumbos bei South African Airways. Selbst der Lack kommt ab.*

090-flg Abb.: sa

nauere Kontrolle an der Maschine innen und außen vor. Ein Schwerpunkt liegt auf der Kontrolle der Triebwerke.

B-Check

Der B-Check steht rund alle fünf Monate an. Hierzu verbleibt die Maschine schon bis zu 28 Stunden am Boden, je nach Arbeitsmenge werden 110 bis 700 Arbeitsstunden investiert. Wieder wird das Flugzeug innen und außen eingehend kontrolliert. Dazu kommen vermehrte Überprüfungen der Flugzeugstruktur.

C-Check

Alle 15 bis 18 Monate erfolgt der C-Check, mit besonders intensiven Struktur- und Funktionskontrollen des Flugzeugs sowie gründlichen Tests der Systeme.

IL-Check

Den sogenannten IL-Check nehmen die Techniker alle 5 bis 6 Jahre oder nach 15.000 Flügen vor. Dafür steht das Flugzeug zwei Wochen am Boden, 20.000 Arbeitsstunden fallen an. Die Struktur der Maschine wird tiefgehend untersucht, Systeme überholt, neue Techniken installiert. Außerdem kann es zu einer Auffrischung der Kabine und zu Farbausbesserungen kommen.

D-Check

Der D-Check stellt schließlich die umfangreichste Wartungsmaßnahme dar. Der Zeitumfang beträgt bis zu 50.000 Arbeitsstunden, das Flugzeug ist für vier Wochen ‚gegroundet'. Der Check findet alle 10 Jahre oder nach 27.000 Flügen statt. Zelle, Kabine und Systeme werden im Detail kontrolliert. Bei diesem Check prüfen die Techniker auf der Flugzeugwerft jede Schraube, jedes Stück der Beplankung und jeden Bolzen auf Anzeichen von Materialübermüdung.

Wenn nötig, erfolgt selbst der Wechsel von Großbauteilen. Außerdem bekommt das Flugzeug einen völlig neuen Außenanstrich, und die Kabine wird überholt.

Jedem Modell sein eigener Check
Angemerkt sei, dass nicht jeder Check für jedes Flugzeugmodell gilt. So erfolgt der B-Check heute nur noch bei bestimmten Flugzeugtypen wie der Boeing 737 und Boeing 747-200.

Checks für die Piloten

Auch die Piloten selbst befinden sich permanent auf dem Prüfstand. Basis für ihre Arbeit ist zunächst der **Luftfahrtschein** für Verkehrsluftfahrt-Führer. Dieser wird immer nur für ein Flugzeugmuster – also zum Beispiel die Boeing 737 – ausgestellt. Diese Lizenz gilt nur für ein Jahr. Dann wird sie verlängert. Um die Verlängerung zu erreichen, muss sich der Pilot bis zum Alter von 40 Jahren jährlich einer **Gesundheitsüberprüfung** stellen, ab dem Alter von 40 werden zwei Gesundheits-Checks pro Jahr verlangt.

Das Höchstalter für Piloten liegt derzeit bei 60 Jahren. Diese Altersgrenze könnte sich aber schon bald im Zuge der europäischen Harmonisierung leicht nach oben verschieben. Um eine Verlängerung der Lizenz zu erreichen, muss jeder Pilot außerdem pro Jahr zwei Überprüfungen im **Simulator** bestehen.

Viele Fluggesellschaften führen darüber hinaus auf freiwilliger Basis weitere interne Simulatorschulungen durch, bei denen ausgewählte Gefahrensituationen an Bord trainiert werden.

079-fl Abb.: lh

Mit einem Boroskop wird das Triebwerk einer Boeing 747 während des C-Checks inspiziert.

055-fl Abb.: he

D-ADIB
DEUTSCHE BA

Die Angstmache der Medien …

Spätestens seit dem Absturz der Boeing 757 der Fluggesellschaft Birgen Air hat das Thema Sicherheit im Luftverkehr in Deutschland stark an Bedeutung gewonnen. Kurz nach dem Absturz kam es auf vielen Flugplätze zu grotesken Szenen, als sich Passagiere weigerten, in Charterflugzeuge zu steigen, bloß weil der Name an der Außenhülle der Maschine nicht deutsch war. Von der Verunsicherung betroffen waren nicht nur Charterfluggesellschaften aus der Türkei sondern auch renommierte Fluggesellschaften wie die niederländische Martinair. Wie unsinnig dieses Verhalten vieler Passagiere war, zeigen nicht zuletzt die schon erwähnten Zahlen über die Unfallhäufigkeit der verschiedener Verkehrsmittel. Die rund 7000 Verkehrstoten im Straßenverkehr allein in Deutschland pro Jahr belegen im Vergleich eindrucksvoll die Sicherheit der Fliegerei. Grund für den Vertrauensverlust unter den Passagieren nach dem Birgen-Air-Unglück ist zu einem Großteil die völlig überzogene und verzerrte Darstellung in den Medien. Schon am Abend nach dem Unglück stand auf fast allen TV-Stationen fest, dass es sich bei der Fluggesellschaft um eine Billig-Fluglinie handelt und der Absturz deshalb beinahe zwangsläufig erfolgte. Als vermeintlicher „Beleg“ wurden Passagiere zitiert, die bei einem vorherigen Flug mit Birgen Air „Rauch“ in der Kabine vor dem Start gesehen hatten oder gar einen Riss in der Scheibe, beides Vorkommnisse an Bord, die für die Sicherheit völlig bedeutungslos

▼ *Ein Mitarbeiter der Task Force des Luftfahrt-Bundesamtes bei der Arbeit.*

049-fl Abb.: ba

sind - bei dem „Rauch" handelte es sich natürlich um den Wasserdampf aus der Klimaanlage - wie auch in den entsprechenden Kapiteln dieses Buches dargelegt ist. Mit einer Billig-Airline wollte fortan niemand mehr fliegen. Viele Reisende entschlossen sich - manche bis heute - nur noch mit Lufthansa zu fliegen. Das Verkehrsministerium installierte hektisch eine sogenannte **Task Force,** deren Mitarbeiter in 15-minütigen Checks die Sicherheit von Verkehrsmaschinen beurteilen sollen. Ein Vorhaben, das viele Piloten und Luftfahrtfachleute als fragwürdig empfinden.

... und Fakten

Die Fakten blieben dabei zumeist auf der Strecke. Ihre Betrachtung ergibt eine sehr viel nüchterne Auswertung des Themas Sicherheit im Luftverkehr. Zunächst: Der Begriff der **Billigairline,** wie er sich nach dem Birgen-Air-Absturz etabliert hat, ist Unsinn. Die Ticketpreise geben keinen Aufschluss über die Sicherheit einer Fluggesellschaft. Lufthansa hat den Hin- und Rückflug nach Philadelphia in den USA für etwas über 200 € angeboten. Der Preis dürfte kaum zu unterbieten sein und stellt nicht den einzigen des Unternehmens in dieser günstigen Kategorie dar. Lufthansa ist aber sicher keine Billigfluggesellschaft. Andere Fluggesellschaften definieren sich zu einem Großteil sogar über Billigpreise und bieten diese ausschließlich an. Dazu gehört in den USA Southwest Airlines, ein Unternehmen, bei dem der Passagier durchaus keine Angst vor einem Flug zu haben braucht.

Auch in Europa zeichnet sich ab, dass immer mehr Fluggesellschaften sich vor allem über günstige Preise definieren. Bekannte Namen sind hier Ryanair, Go und Virgin Express. Niedrige Ticketpreise resultieren aus einem äußerst effizienten Management und einem weitgehenden Verzicht auf Service. Wer damit klarkommt, kann zum Beispiel mit Southwest extrem billig durch die USA fliegen. Das Unternehmen gilt außerdem als besonders sicher. Es existiert seit 1971 und hat bisher noch kein Flugunglück mit Todesfall verzeichnen müssen. Überhaupt sprechen die nackten Zahlen eine doch sehr interessante Sprache.

Statistiken

Statistiker haben die Ereignisse im Passagierverkehr ausgewertet und aufgelistet, bei welchen Fluggesellschaften es zu Todesfällen in Zusammenhang mit Flugzeugabstürzen gekommen ist. Das Ergebnis: Es gibt eine ganze Reihe von Fluggesellschaften, bei denen es bisher zu **überhaupt keinem Todesfall** gekommen ist. Das gilt unter anderem für folgende Airlines: Air Transat, Air 2000, Albanian Airlines, Alfa Airlines, Allegro Air, All Canada Express,

▼ *Bisher ohne Fehl und Tadel geflogen: Cyprus Airways*

050-fl Abb.: li

American Trans Air, America West Airlines, Amerijet, Arkia Israeli Airlines, Armenian Airlines, Atlas Air, Atlant-Soyuz Airlines, AVANT Airlines, Aviacsa, Bahamasair, Balair, Belavia Belarusian Airlines, BWIA International Airways, China Xinhua Airlines, China Yunnan Airlines, Comair, Corsair, Croatia Airlines, Cyprus Airways, Delta Air Transport, Deutsche BA, Dragonair, East Line Airlines, Easy Jet, Emirates, Estonian Air, European Aircharter, EVA Air, Fly Linas Aereas, Futura, Georgian Airlines, Germania, GO fly, GOL Transportes Aereos, Hapag-Lloyd Flug, Hainan Airlines, Hawaiian Air, Horizon Air, Iberworld, Israir, JAL Ways, Japan Asia Airways, Japan Transocean Air, Jet Airways, Jetblue Airways, KLM uk, Kuwait Airways, Lithuanian Airlines, LTU, Maersk Air, Meridiana, Midway Airlines, Monarch Airways, My Travel Airways, National Airlines, Nationwide Airlines, Nouvelair, Oman Air, Onur Air, Pegasus Airlines, PGA Portugalia Airlines, Qatar Airways, Regional Airlines, Royal Air Cambodge, Ryanair, Samara Airlines, SATA International, Shanghai Airlines, Sichuan Airlines, Skymark Airlines, Skyservice, Spanair, Southwest Airlines, Spirit Airlines, Star Airlines, Sun Country Airlines, SunExpress, Transaero Airlines, Transavia Airlines, Tunisair, Tyrolean Airways, Uni Air, Virgin Atlantic Airways, Virgin Express, Volare Airlines, Westjet Airlines.

Kulmbach und Hessen

Nur am Rande sei darauf verwiesen, dass sogar die Lufthansa schon einige Unglücke hinnehmen musste, so am 14. September 1993 eine Bruchlandung des Airbus A320 „Kulmbach" in Warschau. Am 20 November 1974 verunglückte mit der „Hessen" ein Jumbo-Jet des deutschen National-carriers in der Nähe von Nairobi in Kenia.

Bei der Lektüre der Auflistung sollten man aber folgende Überlegungen im Hinterkopf haben: In der Auflistung tauchen kaum namhafte große Fluggesellschaften auf, dafür aber viele kleinere oder auch jüngere Unternehmen. Das ist natürlich kein Zufall. Die großen Airlines haben ein sehr viel größeres Verkehrsaufkommen abzuwickeln als kleinere Gesellschaften. Und das tun sie in den meisten Fällen schon seit vielen Jahrzehnten. Aus diesem Grund waren die meisten großen Gesellschaften schon irgendwann in ihrer langen Geschichte von einem oder mehreren Flugzeugunglücken betroffen. Die Sicherheitskultur ist deshalb aber nicht geringer. Ganz im Gegenteil.

Auch die **Sicherheit der einzelnen Flugzeugtypen** lässt sich statistisch untersuchen. Die IATA hat in ihrem Safety Report 2001 die Zahl der Flugzeugverluste in Zusammenhang mit der Anzahl der geflogenen ↗Sectors dargestellt. Für die einzelnen Flugzeugmuster lässt sich damit eine aufschlussreiche Tabelle erstellen. Ein interessantes Ergebnis zeigt sich dabei schon auf den ersten Blick: Sicherheit ist nicht an den Preis eines Fluges gekoppelt. Mit einem extrem teuren Concorde-Ticket flog der Reisende in der Vergangenheit mit Abstand am unsichersten. Daneben weisen eine ganze Reihe von Flugzeugen noch keinen Absturz und damit die beste möglichen Schadensbilanz auf. In der Regel handelt es sich dabei um Flugzeugtypen, die noch nicht so lange in Dienst stehen. Bei den Mustern mit längerem Lebenslauf und bereits aufgetretenen Abstürzen glänzt die Boeing 767 mit einem hervorragenden Ergebnis von 0,03.

Sector
Ein Sector ist ein Flugabschnitt, der von einer Maschine geflogen wird. Fliegt ein Airbus A320 an einem Tag von Frankfurt nach Oporto, dann von Oporto zurück nach Frankfurt, wo die Maschine zu einem weiteren Flug nach Stuttgart abhebt, hat sie drei Sectors geflogen.

Unter dem Strich gilt, dass der Flugreisende sich jeder der gängigen Fluggesellschaften anvertrauen kann. Ein **Restrisiko** bleibt, doch das ist – vernünftig betrachtet – wesentlich geringer, als die Wahrscheinlichkeit, einen schweren Autounfall zu erleiden, als Fußgänger zu verunglücken oder einen Unfall im eigenen Haushalt zu erleben. Eine gewisse Zurückhaltung ist allerdings angebracht, wenn Fluggesellschaften aus Urlaubsregionen wie der Türkei mit Fluggerät aus älterer sowjetischer Produktion wie die Tupolev TU-154 oder TU-134 anrollen.

Sicherheit von Flugzeugtypen 1958–2001

Flugzeugtyp	Sectors	Flugzeug-verluste	Verluste/ Sectors x 100.000
Airbus A319	*1525500*	*0*	*0*
Airbus A320	*9926700*	*8*	*0,08*
Airbus A321	*1342200*	*0*	*0*
Airbus A300 (Markteintritt 1974)	*5824700*	*9*	*0,15*
Airbus A300-600	*2925400*	*4*	*0,13*
Airbus A310	*3323200*	*6*	*0,18*
Airbus A330	*719800*	*0*	*0*
Airbus A340	*637400*	*0*	*0*
Boeing 737-100, -200	*53607900*	*71*	*0,13*
Boeing 737-300, -400, -500	*39606100*	*16*	*0,04*
Boeing 737-600, -700, - 800, -900	*2748500*	*0*	*0*
Boeing 747-100, -200, -300	*11856600*	*24*	*0,2*
Boeing 747-400	*2910200*	*3*	*0,1*
Boeing 757	*11593800*	*5*	*0,04*
Boeing 767	*9387100*	*3*	*0,03*
Boeing 777	*1075800*	*0*	*0*
MD-11	*1088000*	*5*	*0,45*
Concorde	*83800*	*1*	*1,19*

Auch bei Flügen innerhalb der GUS sollte der Reisende vorsichtig sein, wenn er sich einer der zahllosen nach dem Zusammenbruch der UdSSR neu entstandenen Fluggesellschaften anvertraut, die teilweise mit sehr in Mitleidenschaft gezogenem Flugmaterial auf die Reise gehen. Auch diese Aussage gilt aber schon nicht mehr für die GUS-Fluggesellschaften, die im internationalen Verkehr tätig sind und sich hier mittlerweile auch im Westen einen guten Namen erworben haben. Diese setzen vielfach auch westliche Flugzeuge ein. Dabei ist gegen eine gut gepflegte russische Maschine im Prinzip nichts zu sagen. Ganz im Gegenteil: Vernünftig ge-

Auch bei kleineren Fluggesellschaften braucht der Passagier keine Sicherheitsbedenken zu haben. Die Fluggesellschaft Eurowings hat in Luftfahrtkreisen ein hervorragendes Image.

054-fl Abb.: li

wartet, sind die Tupolevs oder Iluyshins ausgesprochen zuverlässige Maschinen mit einer beispielhaft robusten Auslegung.

Europäischen Fluggesellschaften kann sich jeder Reisende bedenkenlos anvertrauen. Das gilt (darin inbegriffen) natürlich auch für die deutschen Airlines. Mit der Deutschen BA fliegt der Passagier dabei genauso sicher wie mit der Lufthansa.

Auch kleinere Fluggesellschaften, die vorwiegend im Regionalverkehr arbeiten, wie Eurowings, bieten einen Sicherheitsstandard, der sich hinter keinem anderen Unternehmen zu verstecken braucht.

Wie alt ist ein Flugzeug?

Wie schon erwähnt, gibt es bei älteren Flugzeugtypen bei guter Wartung nicht prinzipiell ein höheres Risiko als bei neueren Maschinen. Trotzdem fühlen sich die meisten Flugreisenden in einem neuen, modernen Flugzeug erheblich wohler. Ob eine Maschine modern ist oder schon etwas älter, lässt sich dabei schon an der Typenbezeichnung erkennen.

Bei der Boeing 747 ist die Baureihe -400 die jüngste. Die Typen -200 und -100 sind Flugzeuge der 70er Jahre. Die aktuellen Baureihen der Boeing 737 sind die Modelle -600, -700 und -800. Die Typen -300, -400 und -500 waren bis vor kurzem der aktuelle Maßstab dieses Modells. Diesen Status mussten sie jetzt an die „Next Generation" abgeben. Trotzdem werden auch noch Modelle dieser Baureihen neu ausgeliefert. Älter sind Flugzeug der Reihe -200. Die Boeing 727 ist ganz generell ein veralteter Flugzeugtyp. Viele Maschinen wurden in den 60er Jahren gebaut. Die 727 gilt in Europa bereits als Rarität, in den USA ist sie noch recht häufig zu sehen. Ein sehr seltenes Flugzeug ist die ehemals weit verbreitete Boeing 707, bei der es sich um einen echten Oldtimer handelt. Die Modelle 757 und 767 sind aktuelle Flugzeuge. Die Fertigung wurde in den 80er Jahren aufgenommen. Die B 777 ist das neueste Modell von Boeing.

Bei Airbus entsprechen die Flugzeugtypen A320, A321 und A319 dem neuesten Stand der Technik. Das gilt auch für den A340 und A330. Hierbei gibt es keine so große Bandbreite der unterschiedlichen Baureihen. Etwas älter sind die Typen A300 und A310. Der A310 wird als -200 seit den 80er Jahren produziert, der -300 ist der Nachfolgetyp. Der A300 wurde erstmals 1974 in Dienst gestellt, die aktuelle Variante -600 wird seit 1984 eingesetzt. Die Typen B2 oder B4 sind älter.

Weitere Flugzeuge: Die DC 10 ist ein Flugzeug der 70er Jahre. Das Nachfolgemodell, die MD 11 wurde 1990 erstmals ausgeliefert. Die Flugzeuge der Reihen McDonnell Douglas MD 80 wurden zum Großteil in den 80er Jahren hergestellt. Das Nachfolgemodell ist die Boeing 717. Die Lockheed L-1011 TriStar hat bei Piloten wie auch Passagieren einen erstklassigen Ruf, ist aber ein Flugzeug, das sich mittlerweile rapide dem Oldtimer-Status nähert. Sie wurde im wesentlichen in den 70er Jahren gefertigt.

099-fl Abb.: kw

Richtiges Verhalten an Bord

Was jeder Passagier selbst für seine Sicherheit tun kann

Wer sich für eine Reise mit dem Flugzeug entscheidet, hat das **sicherste Verkehrsmittel** überhaupt gewählt. Das heißt natürlich nicht, dass der Passagier nicht noch zusätzlich seine Sicherheit erhöhen könnte. Das ist durchaus in einem Flugzeug ohne großen Aufwand möglich.

Viele Unfälle und Verletzungen, die sich im Luftverkehr ereignen, hängen überhaupt nicht mit Flugzeugabstürzen, Notlandungen oder ähnlichem zusammen. Sie ereignen sich im alltäglichen Flugbetrieb und betreffen dabei oft nur den individuellen Passagier. Das wichtigste Instrument, um sich vor Schaden im Flugzeug zu bewahren, ist der **Sicherheitsgurt.** Durch den richtigen Umgang minimiert man das eigene Risiko weiter.

Sicherheitsgurt

Dass der Sicherheitsgurt bei Start und Landung angelegt gehört, ist selbstverständlich. Die entscheidende Frage dabei ist das Wie. Überraschend viele Fluggäste gehen zu locker mit dem Gurt um. Um für

091-fl Abb.: ea

▶ *Beim Landeanflug gilt Anschnallpflicht!*

den Fall der Fälle gerüstet zu sein, muss der Gurt eng am Becken anliegen. Wobei mit dem Fall der Fälle kein Flugzeugabsturz, sondern zum Beispiel eine extrem **harte Landung,** ein sehr **scharfes Bremsen** nach dem Landen oder auch beim **Rollen** oder ein **Durchstartmanöver** gemeint sind. So etwas kommt im Alltag auf den Verkehrsflughäfen vor, und genau dabei passieren viele Verletzungen. Das kann zum Beispiel sein, wenn bei einer scharfen Bremsung der Passagier durch einen nicht fixierten Gurt gegen den Vordersitz geschleudert wird. Bei einer extrem harten Landung kann es zu Stauchungen und Verletzungen der Wirbelsäule kommen. Das Risiko wird erhöht, wenn der Reisende nicht gerade sitzt. In dem Moment, wo die Wirbelsäule verdreht und krumm ist – was zum Beispiel der Fall ist, wenn man gebeugt seitlich aus dem Fenster schaut – ist sie instabiler und verletzungsgefährdeter als in gerader, aufrechter Haltung.

Deshalb: Vor allem bei Landungen – am besten auch bei Starts – **gerade sitzen,** den Rücken fest an die **Lehne drücken** und nach **vorne schauen.** Bei Starts und Landungen müssen die **Rückenlehnen** gerade stehen. Sonst besteht die Gefahr, dass der Hintermann mit dem Kopf auf die zurückgestellte

Das Aufleuchten der Anschnallzeichen ist in jedem Fall ernst zu nehmen.

Lehne prallt. Während Start und Landung sollten auch die **Tische** hochgeklappt sein. Empfehlenswert ist das Anlegen des Sicherheitsgurtes während des ganzen Fluges. Das ist aber natürlich allenfalls auf Kurzstreckenflügen praktikabel.

In jedem Fall sind die **Anschnallzeichen** während des Reisefluges immer ernst zu nehmen. In den meisten Fällen wird die Crew sie wegen bevorstehender Turbulenzen anstellen. Und das hat seine volle Berechtigung. Durch Turbulenzen gab es unter nicht angeschnallten Passagieren schon häufig Verletzungen.

Anschnallen!

Am 18. September 1996 geriet ein Airbus A340-300 der Lufthansa bei San Antonio, Texas, in so schwere Turbulenzen, dass sich acht Passagiere verletzten. Und dies nur deshalb, weil sie trotz der rechtzeitigern Aufforderung der Besatzung zum Anschnallen, dieser nicht korrekt nachgekommen waren.

Ganz wichtig ist es, den Gurt auch nach der Landung, beim Rollen auf dem Taxiway zum Terminal, geschlossen zu halten. Auf dem Vorfeld eines Flughafens herrscht immer dichter Verkehr. Neben den Flugzeugen fahren hier Pkws, Busse und alle Arten von Versorgungsfahrzeugen. Da kann es schon mal vorkommen, dass ein Flugkapitän etwas heftiger in die Bremsen steigen muss, wenn seine Vorfahrt missachtet wird. Bei einer starken ↗Bremsung können insbesondere schon aufgestandene Passagiere stürzen und sich dabei verletzen.

Verletzungsgefahr bei Bremsung

Es ist zwar in der Kabine kaum spürbar, aber das Flugzeug rollt mit ca. 15-30 km/h über die Taxiways. Prallt man aber nur mit 10 km/h auf ein Hindernis, kann man sich selbst nicht mehr abstützen und fliegt schon wieder - jetzt aber schmerzhaft gegen die Kabinenwand.

Handys

Handys sind tatsächlich eine Gefahr für die Elektronik eines Flugzeugs. Sie sollten möglichst während des gesamten Fluges ausgeschaltet sein, also auch nicht auf Bereitschaft stehen. Moderne Flugzeuge haben eine sehr gut abgeschirmte Bordelektronik, die auch ihre Unanfälligkeit gegen elektromagnetische Störungen unter Beweis stellen muss. Trotzdem hat es in der Vergangenheit immer wieder Fäl-

093-fl Abb.: ai

Vor jedem Start erklären die Stewardessen die Verhaltensregeln und weisen die Fluggäste auf die Sicherheitsvorkehrungen hin.

le gegeben, wo es durch Handys im Flugzeug zu Irritationen der Systeme gekommen ist. Besonders ältere Flugzeugmuster scheinen dafür recht anfällig zu sein.

Sicherheitsanweisungen

Zum Schluss dieses Kapitels sei noch erwähnt, dass es immer sinnvoll ist, die Sicherheitsanweisungen der Flugbegleiter ernst zu nehmen und zudem einmal einen Blick in die **Sicherheitsinstruktionen,** die sich in jedem Sitz befinden, zu werfen.

Entspannungs-techniken

Wenn das Verstehen nicht reicht, um die Flugangst ausreichend zu mindern, helfen **Entspannungstechniken** weiter. So verschieden die Menschen sind, so unterschiedlich können auch hierbei die Ansätze sein. Gute Chancen für jeden, seine eigene Übungsform zu finden. Das gilt für weibliche wie für männliche Fluggäste, auch wenn im Nachstehenden aus Gründen der Vereinfachung nur die männliche Form verwendet wird.

Kurzfristige Hilfsmittel gegen Flugangst

Bei vielen Reisenden lässt sich die Flugangst sehr gut durch Information und Wissen um die Vorgänge während eines Fluges lindern oder sogar ganz beseitigen. Ganz in diesem Sinne wurde auch dieses Buch konzipiert. Es ist so gehalten, dass es dem Passagier auch als Nachschlagewerk während eines Fluges dienen kann.

Reisende, deren Flugangst sich nicht durch Information reduziert, sollten regelmäßig – auch unabhängig von einem Flugtermin – Entspannungstechniken wie das **autogene Training** erlernen. Nur so können sie gute Erfolge im Umgang mit der Angst erzielen. Was aber, wenn es dazu zu spät ist, der Flug in wenigen Tagen stattfindet und der Betreffende ihn in jedem Fall wahrnehmen muss oder möchte? In diesen Fällen können einige Tipps und Regeln für die **Soforthilfe** und den direkten Umgang mit der Flugangst die Situation zumindest noch ein wenig erleichtern.

Die erste Regel ist eigentlich einfach und gleichzeitig besonders wichtig. Wer Flugangst hat, sollte frühzeitig, mit großen **Zeitreserven** vor dem Abflug zum Flughafen fahren.

058-fl Abb.: he

▲ *Gedränge, Nervosität und Zeitnot - kein guter Start*

In jedem Fall sind mögliche **Verkehrsstaus** einzukalkulieren. Wo möglich, empfiehlt sich die Anreise mit der **Bahn** oder sich von Freunden oder Verwandten zum Flughafen fahren zu lassen. Flugangst zu haben, und sich dann noch vor dem Abflug im **Stress** auf der Autobahn oder bei der **Parkplatzsuche** zu befinden, ist höllisch. Generell hilft alles, was von der Angst ablenkt. Eine **Zeitschrift,** ein gutes **Buch,** auf das man sich schon lange gefreut hat, können dazu beitragen, zumindest die Situation im Reiseflug erträglicher zu machen. Gleiches gilt für **Musik.** Musik hat eine sehr starke Wirkung auf das menschliche Befinden. Sie kann motivieren, anheizen, aber auch traurig machen. Zwar ist oft im Flugzeug vor dem Abflug Musik zu hören. Diese klingt aber fast immer so neutral, allen

Musik zur Entspannung

Gute Dienste leisten auch Hörspiele, die man überall auf Kassetten kaufen kann und die gerade in der passiven Situation vor oder während des Fluges sehr entspannend wirken können. Das gilt auch für Entspannungskassetten, auf denen spezielle Musik für diesen Zweck aufgenoammen wurde.

Geschmäckern angepasst, dass sie nicht wirklich entspannt, sondern eher die nervöse „Wartehallenatmosphäre“ verstärkt. Es empfiehlt sich die Mitnahme eines **Walkmans** mit Musikkassetten der eigenen Wahl.

Duft

Unruhe und Nervosität lindert eine Mischung folgender Düfte aus ätherischen Ölen: 10 Tropfen Melisse, 5 Tropfen Orange, 5 Tropfen Sandelholz. Entweder träufelt man einige Tropfen von der Mischung auf ein Taschentuch und schnuppert ab und zu daran, oder man füllt sie in ein kleines Gefäß und kann dann bei Bedarf daran riechen oder einige Tropfen auf ein Taschentuch geben.

Denken Sie aber bei der Lautstärke auch an ihren Nachbarn!

Auch ohne viel Training bringen die ersten **Atemübungen,** wie sie in diesem Buch beschrieben sind, für jeden zumindest eine kurzfristige Erleichterung. Einige **ruhige, tiefe Atemzüge** in den Bauch entkrampfen speziell in Situationen, bei denen der Stresspegel ins Unerträgliche steigt.

Auch **Düfte** können den Menschen entspannen. Nicht jeder reagiert darauf, aber bei manchen Reisenden hilft es.

Wenn es ganz schlimm kommt, helfen natürlich auch **Medikamente** in der Angstsituation. Dann sollte allerdings in jedem Fall auf **Alkoholkonsum** während des Fluges verzichtet werden, da sich viele Präparate und Alkohol nicht miteinander vertragen.

Leichte **Beruhigungsmittel** wie Baldrian sind frei verkäuflich in der Apotheke erhältlich, stärkere Produkte verschreibungspflichtig. Hier kann sich jeder Reisende im Einzelfall vom Apotheker oder Arzt beraten lassen.

Doch sollte jeder Flugreisende letztlich versuchen, medikamentenfrei mit seiner Flugangst umzugehen. Wenn die Situation aber unerträglich und die Reise unumgänglich ist, kann ein entsprechendes Medikament im Notfall entscheidende Hilfe leisten und auch Sicherheit geben.

Üben ist Pflicht: langfristige Strategien

Die Techniken und Tricks zur „ersten Hilfe" bei Flugangst mögen in den meisten Fällen hilfreich und sehr wirkungsvoll sein und vielleicht sogar ausreichen, wenn jemand nur selten und dazu noch kurz fliegt. Wer aber aus beruflichen oder auch privaten Gründen sehr häufig und zudem noch lang fliegen muss oder möchte, wird – sofern das Verstehen der Vorgänge im Flugzeug nicht allein zur Angstminderung ausreicht – um das Erlernen von langfristigen Techniken zur **Angstminderung** nicht herumkommen.

Dies ist aber nicht so schlimm und aufwendig, wie es zunächst klingt. Es gibt eine ganze Reihe von Techniken, die sehr wirksam sind. Die Erfahrung zeigt, dass es am besten ist, wenn sich jeder daran interessierte Passagier die Technik sucht, die am besten zu ihm passt, denn die Hilfsangebote unterscheiden sich teilweise erheblich in ihrem Ansatz.

Die Auswahl ist zu einem Großteil eine Frage der persönlichen Mentalität. Eines aber haben alle Techniken gemein: Die eigentlichen Übungen sind gar nicht so kompliziert. Um sie zu beherrschen, muss man sie aber **regelmäßig** und **langfristig üben** – auch und gerade dann, wenn gar kein aktueller Flug ansteht. Nur durch regelmäßiges Üben können die Techniken so beherrscht werden, dass sie wirklich angstmindernd wirken.

▼ Willkommene Abwechslung: Essen und Trinken an Bord

094-fl Abb.: lh

Aus der Ruhe kommt die Kraft: autogenes Training

Das **autogene Training** ist eine sehr wirksame Technik. Es dient nicht nur der Angstminderung, sondern kann ganz allgemein zur **Entspannung** eingesetzt werden. Wer das autogene Training vollständig erlernt, wird sogar weit darüber hinausgehende Möglichkeiten der **Körperbeherrschung** und auch der **Eigensuggestion** gewinnen. Die beste Möglichkeit, das autogene Training wie auch die anderen beschriebenen Techniken zu erlernen, ist der Besuch eines entsprechenden Kurses. Das autogene Training wählt als Ansatz der Entspannung den Weg über die **Muskulatur** des Menschen. Damit ist diese Technik besonders gut für Menschen anwend- und nachvollziehbar, die im **westlichen Kulturkreis** aufgewachsen sind. Entspannungstechniken, die aus dem **asiatischen Kulturkreis** kommen, setzen bei der **Atmung** an. **Körperhaltungen** und psychisches Befinden des Menschen sind eng miteinander verbunden. Angst und Stress haben die schon beschriebenen körperlichen Auswirkungen. **Seelische Anspannung** führt immer auch zur **Anspannung** bestimmter Muskelgruppen. Die Beeinflussung funktioniert aber nicht nur vom seelischen zum körperlichen Zustand, sondern auch andersherum. Wer seine verspannten Muskeln in einer Stresssituation bewusst entspannen kann, erzielt auch den seelischen Effekt, dass er sich **ruhiger** fühlt. Das ist ein wichtiger Ansatz für viele Entspannungstechniken. Beim autogenen Training benutzt der Übende bestimmte **Übungsformeln,** die er in seinem Kopf mehrfach wiederholt und dadurch in Form einer

Johannes H. Schultz
Das autogene Training wurde in den 1920er Jahren von dem Berliner Nervenarzt Prof. Dr. Johannes H. Schultz entwickelt.

Selbsthypnose die gewünschten Wirkungen auf den Körper erzielt. Basis des autogenen Trainings bilden zunächst einige **Grundhaltungen,** die bei der Ausführung eingenommen werden.

Droschkenkutscherhaltung
Der Begriff entstand übrigens dadurch, dass die Haltung gern von Berufskutschern genutzt wurde um zu dösen oder zu schlafen, während sie auf Fahrgäste warteten.

Schwereübungen

Sitzübungen

Zwei davon sind wie geschaffen für die Ausführung im Flugzeug. Am besten anwendbar ist die Haltung im **angelehnten Sitzen.** Die Sitzhaltung dabei sollte grundsätzlich entspannt sein. Der Übende lehnt den Rücken an die Lehne an, die Füße befinden sich in natürlicher Ausrichtung mit beiden Sohlen auf dem Boden. Der Kopf wird gerade gehalten und ebenfalls entspannt angelehnt. Die Arme und Hände ruhen locker auf den Oberschenkeln, die Augen sind geschlossen.

Das freie Sitzen oder die sogenannte ↗**Droschkenkutscherhaltung** nimmt man ein, wenn keine Rückenlehne zur Verfügung steht.

▼ *Den Kopf angelehnt und entspannt: die erste Grundhaltung des autogenen Trainings. (Haltung im angelehnten Sitzen.)*

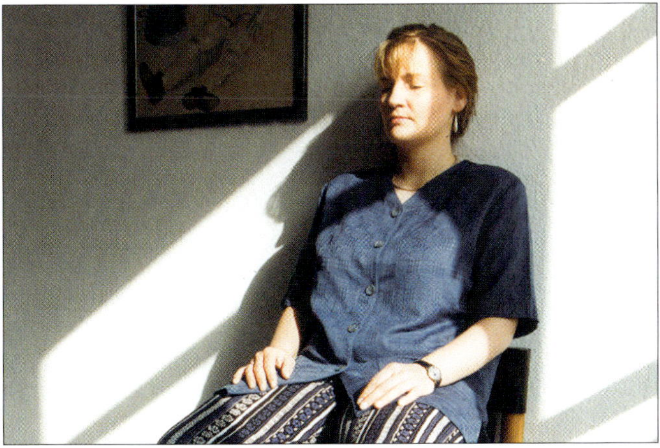

059-fl Abb.: li

Entspannungstechniken

Auch hierbei ist die Haltung entspannt, die Füße haben mit beiden Sohlen Bodenkontakt. Jetzt wird der Rücken krumm gemacht, der Kopf hängt leicht nach vorn, beides aber nur soweit, dass keine Fallneigung nach vorne eintritt, der Rumpf also senkrecht in sich selbst zusammensinkt. Nun werden die Arme locker auf den Oberschenkel aufgelegt und die Augen geschlossen.

060-fl Abb.: li

In sich ruhend: die Droschkenkutscherhaltung

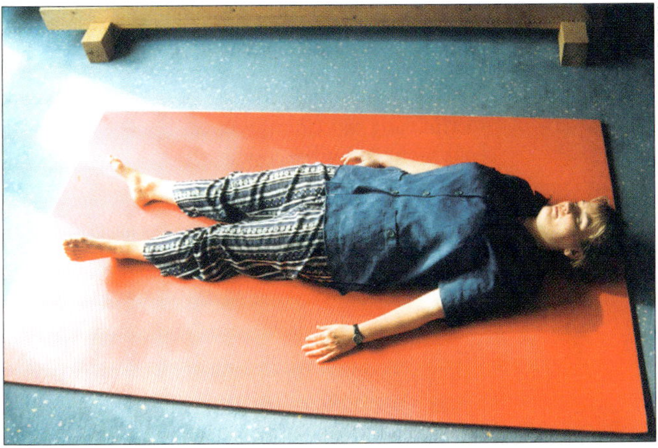

061-fl Abb.: li

▲ *Locker und entspannt: die Grundhaltung des autogenen Trainings im Liegen*

Im Liegen

Die dritte Übungsmöglichkeit bietet das Liegen. Dabei liegt der Übende auf dem Rücken. Die Arme befinden sich mit leicht gebeugten Ellenbogen neben dem Rumpf, und die Handflächen zeigen nach unten. Die Fußspitzen fallen locker und entspannt nach außen. Letztgenannte Haltung wird der normale Fluggast im Flugzeug sicherlich nicht ausführen können.

Die Haltung im Liegen kann aber sehr gut im Hotel oder zu Hause zur Entspannung vor einem Flug angewandt werden. Die Haltungen sollten in jedem Fall als bequem empfunden werden. Sie wurden so konzipiert, dass durch sie möglichst viele Muskeln des Körpers völlig entspannt sein können – eine wichtige Voraussetzung für die Übungen. Ein normal gesunder Menschen empfindet diese Lagen als bequem. Ist dies nicht der Fall, wird die Haltung in fast allen Fällen nicht stimmen.

Bei einer verkrampften Körperhaltung sind die Muskeln angespannt. Damit können die folgenden

Übungen – die auf eine Entspannung der Muskeln abzielen – nicht durchgeführt werden. Außerdem lenkt dies den Übenden ab.

Ausführung der Übungen

Egal, welche der beschriebenen Lagen dieser eingenommen hat: Der weitere Verlauf der Übungen ist identisch. Im ersten Schritt horcht man bei geschlossenen Augen einen Moment ruhig in sich hinein, atmet vielleicht einmal bewusst ein und aus und lässt die Gedanken und Bilder einfach in seinem Kopf vorbeiziehen. Der nächste Schritt besteht in der Vorstellung, dass der rechte Arm immer schwerer wird. Dazu ist es sinnvoll, entsprechende Bilder zu visualisieren, sich also zum Beispiel ein schweres Gewicht vorzustellen, das am Arm hängt und diesen nach unten zieht. Gleichzeitig mit der Vorstellung spricht der Übende im Gedanken die Übungsformel „Der rechte Arm ist ganz schwer". Nach ungefähr sechs Formelwiederholungen schließt sich der Satz „Ich bin ganz ruhig" an. Diese Übungsabfolge wird wiederholt, so oft der Übende möchte. Im Laufe der Formelwiederholungen und Visualisierungen fühlt sich der Arm nach einem Moment tatsächlich schwer an. Jetzt folgt dasselbe mit dem linken Arm. Anschließend sind die Beine an der Reihe.

Wer einige Erfahrungen mit den Übungen hat, kann sich auch gleich die Schwere in beiden Armen gleichzeitig oder sogar in Armen und Beinen gleichzeitig vorstellen. Die Formel lautet dann „Arme und Beine sind schwer". Nach jedem sechstem Satz folgt wieder die Ruhe-Formel.

Die Verkürzung ist für den Anfänger allerdings so schnell nicht möglich. Er wird mit den Übungen zunächst häufig Schwierigkeiten haben. Oft sind starke Zweifel am Erfolg vorhanden. Man kann sich einfach nicht vorstellen, wie sich der Arm schwer anfühlen soll. Die Übungen erscheinen absurd. Das ist aber nicht der Fall. Die Selbsthypnose funktioniert, sogar in überraschend wirksamer Weise.

Noch eine Übung im Liegen

Wer an der Wirkungsweise des autogenen Trainings zweifelt, möge folgenden Versuch durchführen: Man nimmt die liegende Haltung des autogenen Trainings ein und stellt sich vor, wie sich der rechte Arm ein kleines Stück über den Boden abhebt. Auch diese Vorstellung sollte formelhaft im Gedanken gesprochen und parallel dazu visualisiert werden. Nach einiger Zeit wird beim Übenden mit geschlossenen Augen das Gefühl entstehen, dass sich der Arm wirklich hebt. In diesem Moment sollte weiter geübt werden. Wer nach einiger Zeit dann die Augen öffnet, ist überrascht zu sehen, dass sich der Arm bei immer noch aufgestütztem Ellbogen wirklich ein Stück vom Boden gehoben hat.

Genauso wirksam wie beim abhebenden Arm funktioniert die Autosuggestion auch bei der Schwereübung des autogenen Trainings.

▼ *Und plötzlich hat sich die Hand gehoben. Erfolg einer Vorübung des autogenen Trainings.*

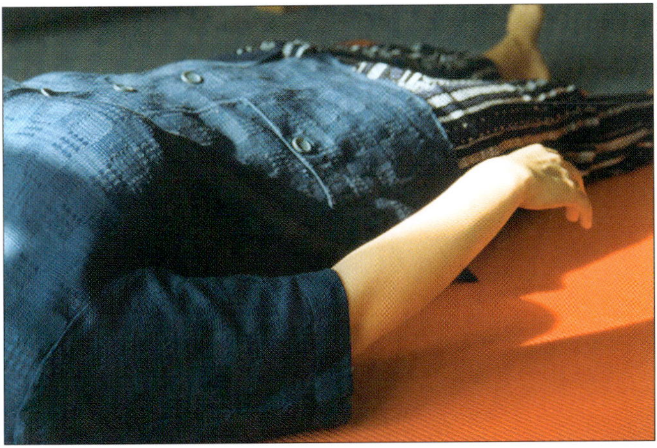

062-fl Abb.: li

Zur Ruhe kommen

Ein anderes Problem stellen für den Übenden am Anfang die eigenen Gedanken dar. Man ist guten Willens, spürt vielleicht schon das erste Schweregefühl und möchte Formel und Visualisierung weiterhin fortsetzen, wird dabei aber immer wieder von eigenen Gedanken abgelenkt. Also versucht man, die Gedanken „abzustellen", was aber nicht gelingt und zu einer Verkrampfung führt, die jedes Üben schließlich unmöglich macht. Die Lösung: Man lässt die Gedanken laufen und ignoriert sie. Man wehrt sich nicht gegen die Gedanken, verfolgt sie aber auch nicht weiter. Wenn dadurch die Visualisierung einmal unterbrochen wird, ist das nicht schlimm. Die Formeln werden dabei monoton immer wieder im Gedanken gesprochen.

Ein weiteres Problem besteht manchmal in einer natürlich vorhandenen Unruhe zu Beginn der Übungen. Ist sie sehr stark, kann sie verhindern, dass der Zustand der Ruhe und Schwere eintritt. Deshalb wird das autogene Training auch fast nie gelingen, wenn der Übende erst während oder kurz vor einer Flugreise damit anfängt, es zu erlernen. Wenn das autogene Training in einer Flugangst-Situation helfen soll, muss der Betreffende schon weitgehend damit vertraut sein. Ist das der Fall, wird sich beim Übungsbeginn automatisch ein Ruhezustand einstellen.

Wärmeübung

Wer die Schwereübung beherrscht, kann sie um die **Wärmeübung** ergänzen. Dabei wird nach den Formeln zur Schwere („Arme und Beine sind ganz schwer") und zur Ruhe („Ich bin ruhig") die Formel „Der rechte Arme ist ganz warm" in Gedanken sechsmal wiederholt. Später kann auch dieser Satz vereinfacht werden („Arme und Beine sind warm").

Atemübung

Ist der Übende im Umgang mit diesen Techniken sicher geworden, besteht die Möglichkeit, Atemübungen darauf aufzubauen. Die Formel dazu: „Es atmet ganz ruhig in mir". Wie es die Formel schon ausdrückt, sollte jeglicher aktiver Eingriff in die Atmung vermieden werden. Es ist wichtig, sich der Atmung nur passiv hinzugeben.

Das autogene Training lässt sich nur erlernen, wenn man es sehr **langfristig** und **kontinuierlich übt.** Ist das der Fall, wird die zuvor viele tausend Mal eingeübte Verknüpfung von Formel, Visualisierung und Körperzustand auch im Zustand der Anspannung sehr schnell funktionieren.

Mix

Unterstützend kann man zusätzlich gerade für den Einstieg noch auf Übungen aus anderen Techniken zurückgreifen und das autogene Training zum Beispiel durch einige Atemübungen einleiten.

Übungen für Fortgeschrittene

Es gibt weitergehende Übungen des autogenen Trainings, die zum Beispiel auf eine Kontrolle des Herzens abzielen. Wer diese Techniken – die zum Umgang mit Flugangst nicht unbedingt erforderlich sind – erlernen möchte, sollte sich einer Gruppe anschließen. In der Praxis lassen sich alleine schon durch die Übungen zur Ruhe und Schwere sehr tiefe Entspannungszustände erzielen.

Der Abschluss einer jeden Übung

Eine ganz wichtige Regel sollte immer am Ende der Übungen angewandt werden: Niemals mit dem autogenen Training aufhören, ohne es zurückgenommen zu haben. Öffnet man einfach so abrupt die Augen und richtet sich aus der Ruhelage auf, fühlt man sich noch eine ganze Weile benommen, schläfrig oder auch fahrig – je nach Veranlagung. Die Zurücknahme des autogenen Trainings erfolgt nach festen Regeln. Dazu wird nach kurzem, vielleicht einige Male wiederholtem, Formelkommando „Arme fest“ eine Anspannung der Arme vorgenommen. Der Vorgang wiederholt sich für die Beine. Die Formel „tief atmen“ schließt sich an, es folgt ein entsprechender Atemzug. Nach dem Kommando „Augen auf“ können die Augen geöffnet werden.

Eigensuggestion

Nun zu den Möglichkeiten der Eigensuggestion. Hat der Übende einen Zustand erreicht, in dem die Arme und Beine schwer geworden sind und er sich herrlich entspannt fühlt, ist damit schon ein wesentliches Ziel des autogenen Trainings erreicht. Man kann es durchaus dabei belassen. Wer mit dieser Übungsform sicher und vertraut geworden ist, hat aber durchaus auch die Möglichkeit, weiter zu gehen und sich beliebige Inhalte zu suggerieren.

Vorurteil

Hierbei ist es hilfreich, möglicherweise bestehende Vorurteile gegen den Begriff der Suggestion zu vergessen. Wenn jemand sich beim autogenen Training suggeriert, dass er sich ruhig und sicher fühlt und es ihm dadurch gelingt, einen als höchst unangenehm empfundenen Flug durchzustehen, ist das etwas gänzlich anderes, als das, was unter Suggestion in Zusammenhang mit Werbung gemeinhin verstanden wird.

Zielvorstellung

Die Suggestion beim autogenen Training funktioniert auf zwei sich ergänzenden Wegen: Indem man sich eine bestimmte Zielvorstellung in einer Formel ständig in Gedanken wiederholt und indem man sich das gewünschte Ziel bildhaft vorstellt. Unter bildhaft sind in diesem Zusammenhang alle sinnlichen Vorstellungen gemeint, dazu gehört zum Beispiel auch, ein Gefühl der Schwere im Arm körperlich zu empfinden. Mit den schon erwähnten Formeln der Ruhe, der Schwere und Wärme sind auch schon die ersten Suggestionen erwähnt. Weitere Formel- und Vorstellungsbildungen lassen sich frei wählen. Sie sollten dabei am besten regelmäßig schon lange vor einem Flug geübt werden.

Bei der Formulierung der Formeln ist darauf zu achten, dass diese grundsätzlich positiv formuliert sind. Falsch wäre also eine Formel die besagt: „Ich habe keine Angst." Sinnvoll dagegen ist der Satz „Ich fühle mich sicher und frei." Die Formulierungen stehen zudem immer in der zeitlichen Form der Gegenwart und sie suggerieren nie einen Zwang (Ich muss jetzt angstfrei sein). Die Formel selbst sollte möglichst individuell auf das der Flugangst zugrunde liegende Problem zugeschnitten sein.

Dazu ist es natürlich sinnvoll, sich zu überlegen, was es eigentlich, ist, was einen während eines Fluges ängstigt. Ist es die **Enge** im Flugzeug, der Eindruck der schmalen **Röhre,** das **Ausgeliefertsein,** die drückende Enge mit der Nähe der vielen **Menschen** um einen herum, das Gefühl, sich bei Bedarf nicht ausreichend bewegen zu können?

Die Formel muss den **Kern** der Angst treffen. Es ist unmöglich, Angst beherrschen zu wollen. Das wird auch mit einer Formel nicht gelingen. Man hat aber gute Erfolgsaussichten, das Bild, das der Angst zugrunde liegt, anders zu besetzen. Wer sich ausgeliefert fühlt, kann sich zum Beispiel die Formel „Ich fühle mich sicher und kann mich auf die Besatzung verlassen", wiederholen und sich dabei vorstellen, wie ein verantwortungsvoller Kapitän die Maschine steuert. Das Bild des Piloten sollte man dabei so wählen, wie man selber sich eine besonders verantwortungsvolle Person vorstellt.

Die vorgeschlagene Projektion ist natürlich nicht für jeden machbar. Viele Reisende werden es – leider – bei „Ich fühle mich sicher und frei" bewenden lassen müssen. Wer die erwähnte Suggestionsfähigkeit hat, kann sich glücklich schätzen. Wen die Nähe der vielen Menschen ängstigt, verwendet die Formel „Ich fühle mich sicher und beschützt. Niemand kann mir etwas tun" und stellt sich dabei eine unsichtbare Wand vor, die den eigenen Körper umgibt.

Mit dem autogenen Training lässt sich darüber hinaus auch die Angst an ihrer Wurzel angehen. Das sollte aber schon lange vor einem Flug erfolgen und am besten auch sorgfältig vorbereitet sein. Dabei setzt sich der Übende mental, während des autogenen Trainings, immer wieder mit der Angstsituation auseinander. Dieses geschieht in mehreren Schritten. Die Angstsituation wird zunächst so gewählt, dass sie nicht so schlimm ist. Später können dann schwerere Situationen geübt werden.

Die enge Röhre

Dem Eindruck der engen Röhre ist nur schwer eine Suggestion entgegenzusetzen. Im Zweifelsfall hilft auch hier die Vorstellung, sich sicher und frei zu fühlen. In der Praxis hat sich das ruhige, passive Beobachten der eigenen Atmung als hilfreich erwiesen, besonders dann, wenn man ruhig in den Bauch hineinatmet. Das kann durch das Bild, wie man Atem aus einem endlosen Ozean von Luft, der einen umgibt, schöpft, unterstützt werden.

Gedankenspiel

Ein Vorschlag für den Anfang: Der Übende stellt sich vor, dass er ein Flugzeug über die Treppe auf dem Rollfeld betritt. Anders als in der Realität ist er aber der einzige Fluggast, ein Besucher, der nur kurz in die Maschine hineinschaut. Er betritt das Flugzeug für einen Moment und kann es anschließend sofort wieder über die Treppe verlassen. Beim nächsten Mal setzt er sich schon einmal kurz hin. Beim dritten Versuch bleibt er länger, beim vierten betreten andere Passagiere die Maschine und so fort, bis der Übende schließlich an einem kurzen Flug teilnimmt

Die Gedanken sind frei: So ist für viele Übende die Vorstellung hilfreich, sich jederzeit, wenn es für sie kritisch wird, aus der Maschine „herausbeamen" zu können.

095-fl Abb.: lh

Desensibilisierung

Die erwähnte Technik der **Desensibilisierung** funktioniert in der Praxis sehr gut. Mit ihr werden bei der Behandlung von Angstleiden sehr gute Erfolge erzielt.

▲ *Üben Sie das Fliegen spielerisch und versetzen Sie sich gedanklich ins Flugzeug.*

Fingerdruck genügt: Akupressur

Die Akupressur wird auch manchmal als die sanfte Tochter der Akupunktur bezeichnet. Nicht zu unrecht: Statt mit Nadeln wie bei der Akupunktur spricht die Akupressur die **wirksamen Punkte** mit **sanftem Fingerdruck** an. Das zugrunde liegende System ist bei beiden Methoden identisch. Es basiert – vereinfacht gesagt – auf der Annahme, dass der menschliche Körper von **Energie durchflossen** wird, die Gesundheit und Wohlbefinden entscheidend beeinflusst. Diese Energie fließt über das **Meridiansystem,** das den ganzen Körper umfasst. Krankheit und Unwohlsein manifestieren sich in **Störungen** des Energieflusses. An bestimmten Punkten kann der Energiefluss auf dem Meridiansystem durch Nadeleinstich oder **Fingerdruck** beeinflusst werden. Auch Stress und Angst spiegeln sich in Veränderungen des Energieflusses wieder. Andersherum kann die Energie so beeinflusst werden, dass sich dies angst- und stressmindernd auswirkt. Im Gegensatz zur Akupunktur lässt sich die Akupressur relativ leicht, ohne großen Aufwand und ohne Hilfsmittel ausüben. Damit eignet sie sich hervorragend zur Dämpfung von Flugangst.

Vorbereitung

Um einen guten Erfolg zu erzielen, ist es empfehlenswert, sich schon soweit vor einem Flug mit der Akupressur und den nötigen Handgriffen so vertraut zu machen, dass diese während der Angstsituation sicher und zuverlässig eingesetzt werden können.

Um Angst abzubauen, reizt man bei der Akupressur mittels Fingerdruck am besten den sogenannten „Punkt des inneren Gleichgewichts“. Dieser befindet sich an beiden Beinen unterhalb der Kniescheiben, seitlich direkt unter dem Kopf des Schienbein-Knochens.

Um den Punkt zu finden, ertastet man zunächst den genauen Verlauf der Kniescheibe. Dazu werden die eigenen vier Finger unterhalb der Kniescheibe auf das Schienbein gelegt. Vier aneinander liegende Finger sind ein Standardmaß bei der Akupressur, um bestimmte Punkte aufzufinden. Nun befindet man sich mit den vier Fingern aber noch nicht seitlich am Bein. Also werden im nächsten Schritt die Finger solange zur Seite gezogen, bis der kleine Finger einen Punkt ertastet, der sehr druckempfindlich ist. Auf diesen Punkt legt man nun an beiden Beinen den Mittelfinger der jeweiligen Hand und drückt kräftig

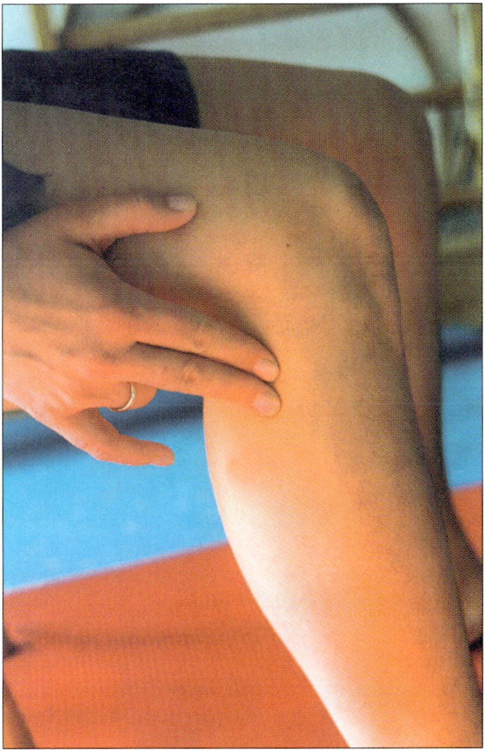

063-fl Abb.: li

Der „Punkt des inneren Gleichgewichts“

zu. Dies sollte gleichzeitig geschehen und darf bis zu fünf Minuten andauern. Der Vorgang kann drei bis viermal täglich wiederholt werden. Mit zunehmender Übung kann der Druck geringer ausfallen, denn der Punkt reagiert schließlich immer empfindsamer und direkter.

Spannung und Entspannung: Muskelrelaxation

Die Muskelrelaxation wurde von Edmund Jacobsen in den USA entwickelt und 1938 der Öffentlichkeit vorgestellt. Die Methode wird auch als **progressive Muskelentpannung** bezeichnet und hat vor allem in den Vereinigten Staaten als Entspannungstechnik große Verbreitung gefunden. Neben dem autogenen Training ist die Muskelrelaxation die „klassische" Technik zum Entspannen schlechthin. Die progressive Muskelentspannung lässt sich im Liegen genauso durchführen wie im Sitzen oder Stehen. Die Übungen sind fast alle unauffällig und können damit problemlos im Flugzeug durchgeführt werden. Zunächst zum Hintergrund der Muskelrelaxation. Auch hierbei ist wieder Ausgangspunkt, dass körperlicher Zustand und psychisches Empfinden eng zusammenhängen und sich beidseitig beeinflussen. Kurz gesagt: Angst wirkt auf den Körper und äußert sich in einer Anspannung der Muskeln. Eine Entspannung der Muskulatur lindert Angst. Zugespitzt formuliert, kann ein Mensch mit entspanntem Körper keine Angst empfinden.

Westlich

Die progressive Muskelentspannung ist ähnlich dem autogenen Training als Technik für Menschen aus dem westlichen Kulturkreis besonders leicht zugänglich, da sie an der Muskulatur ansetzt.

Beim Training entwickelt der Übende in zunehmendem Maß ein Gefühl für die **Spannungszustände** in seiner Muskulatur. Er lernt, entsprechend einzugreifen und Entspannungszustände bewusst herbeizuführen. Dadurch gelingt es, Flugangst zu reduzieren.

Die Hand

Die erste Übung beschränkt sich nur auf die Faust einer Hand. Sie kann sehr gut im Sitzen, wie alle weiteren Techniken auch, ausgeführt werden. Dabei wird die Faust zusammen mit dem Arm gehoben und fest geballt, mit aller Kraft, die zur Verfügung steht. Dieses Zusammenballen sollte rund 10 bis 20 Sekunden dauern. Wer dabei nicht auf die Uhr schauen möchte, zählt im Gedanken „21, 22, 23, 24, 25 ...“.

Anschließend wird die Faust gelöst, geöffnet und auf dem Oberschenkel abgelegt. Angenehme Entspannung breitet sich in Hand und Unterarm aus. Das fällt am Anfang leichter, wenn die Übungen auf dem Rücken liegend durchgeführt werden und der

▼ Zum Anspannen wird die Faust geballt und der Unterarm gehoben, zum Entspannen wieder auf dem Oberschenkel abgelegt.

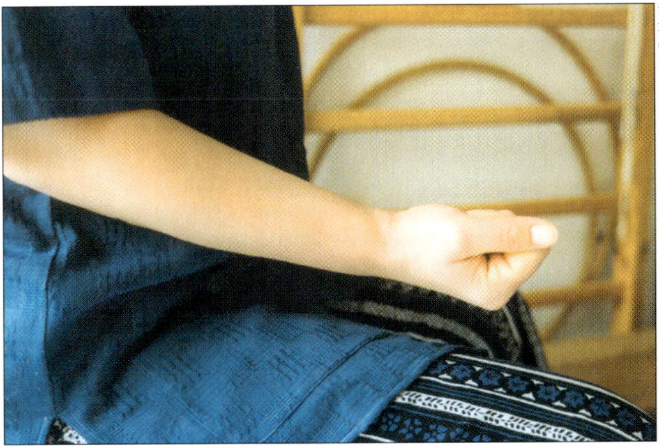

064fl Abb.: li

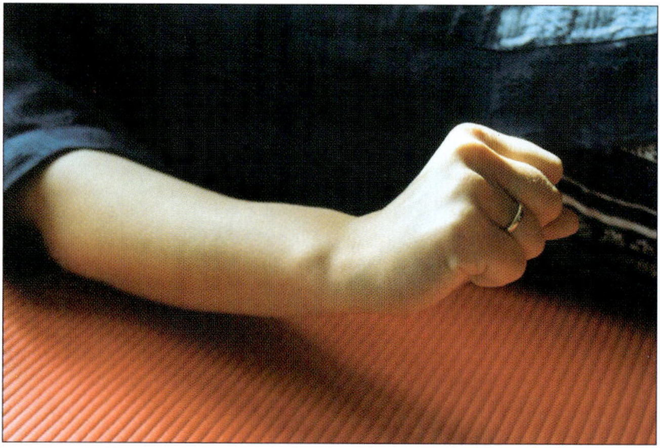

▲ *Zum Anspannen wird die Faust vom Boden gehoben. Das Entspannen geht mit dem Öffnen der Hand und dem Ablegen einher.*

Arm nach dem Entspannen der Faust neben den Körper gelegt wird.

Die Empfindungen beim Anspannen und beim Loslassen müssen sehr bewusst beobachtet werden.

Der Übende sollte den wachsenden Schmerz beim Anspannen genauso aufmerksam erleben wie das wohltuende Gefühl der Entspannung und die sich ausbreitende Wärme in der entspannten Hand.

Es folgt nach ca. 20 Sekunden Pause die bisher unbeteiligte Hand. Nach einer weiteren, ebenso langen Pause werden beide Fäuste geballt. Auch das geschieht wieder mit ganzer Kraft und sehr bewusst. Nach 10–20 Sekunden schließt wieder die Entspannung an. Wer zwischen Spannung und Loslassen keinen deutlichen Unterschied spürt, wiederholt die Übung. Je öfter die Techniken angewandt werden, um so eher und zuverlässiger stellt sich ein Gefühl für die Spannungszustände in der Muskulatur ein. Nach einiger Übung kann der Übende feine Unterschiede wahrnehmen, die er bisher nie wahrgenommen hat.

Die Arme

Es folgen Übungen mit der Armmuskulatur. Dazu werden die Unterarme auf die Oberschenkel aufgelegt, wobei die Hände nach oben zeigen.

Nun presst der Übende beide Ellbogen fünf Sekunden lang seitlich gegen die Oberkörper. Es folgen die Entspannung und eine Pause. Wieder nimmt man die Gefühle in der Muskulatur sehr be-

066-fl Abb.: li

◀ *Die Hände zeigen nach oben, die Ellbogen werden gegen den Körper gepresst.*

wusst wahr. Die Hände und Unterarme bleiben auf dem Oberschenkel liegen. Nun drückt der Übende diese fest nach unten, mit aller Kraft gegen den Oberschenkel. Nach wiederum fünf Sekunden wird der Druck abgebaut und die Muskulatur gelöst.

Der Kopf, der Nacken und die Schultern

Die nächsten Übungen betreffen den Kopf, den Nacken und die Schultern. Bei der ersten presst der

▶ *Anspannung: Die Schultern werden hochgezogen.*

Übende den Kopf so fest nach hinten, wie es geht, gegen die Rückenlehne. Um ein Überstrecken zu vermeiden, sollte der Druckpunkt möglichst tief liegen. Es folgt die Entspannung und nach einer Pause die Anspannung in der Gegenrichtung nach vorn. Dabei wird das Kinn gegen die Brust gedrückt. Dabei sollte die Dehnung der hinteren Nackenmuskulatur durchaus zu spüren sein. Wieder kommt eine Pause. Es folgen die Schultern. Diese werden mit aller Kraft nach oben, zu den Ohren gezogen. Anschließend löst der Übende die Spannung und registriert das damit verbundene Gefühl. Im Idealfall führt man alle Übungen – auch die folgenden – hintereinander aus. In diesem Fall hat man einen großen Teil der Körpermuskulatur entspannt. Gerade der geübte Anwender kann aber auch Teilelemente aus dem gesamten Programm lösen und sie einzeln zur Entspannung anwenden. Dazu ist die beschriebene Schulterübung sehr gut geeignet.

Hochgezogene Schultern

Angst geht meist als allererstes mit einer Verkrampfung der Schultermuskulatur einher. Dabei werden die Schultern ein wenig hochgezogen. Deshalb eignet sich folgende Übung gut als „erste Hilfe" in Angst- und Spannungssituationen:

Die Schultern mit Anspannung hochziehen und dabei ruhig einatmen. Den Atem anhalten, anschließend die Schultern locker fallen lassen und dabei ausatmen.

Neben dem bewussten Entspannen der Muskulatur hat diese Schnellübung noch einen zweiten angstmindernden Effekt: Der Betroffene durchbricht sein ansonsten passiv ablaufendes Angstverhalten und tut aktiv etwas, was doch zumindest zu einer Ablenkung und Unterbrechung des sich ansonsten oftmals hochschaukelnden Angstkreislaufes führt.

Die Bauch- und Rückenmuskeln

Nach den Schultern folgen die Bauch- und Rückenmuskeln. Zunächst zieht man den Bauch ein. Dieses sollte ohne Atemunterstützung, nur durch Anspannung der Muskulatur, geschehen. Den eingezogenen Bauch hält man 10–20 Sekunden in dieser Lage, dann löst man mit einem Ausatmen die Spannung. Nach einer Pause wird der Bauch herausgedrückt. Die Entspannung geht wieder mit einem Ausatmen einher.

Anschließend folgt die Anspannung der Rückenmuskulatur. Dazu zieht der Übende die Schultern nach hinten, bis der Eindruck entsteht, sich in einem leichten Hohlkreuz zu befinden. Nach 10–20sekündiger Anspannung genießt man die Entspannung wieder. Nun wird die Lendenwirbelsäule fest in den Sitz gedrückt und schließlich entspannt.

Das Gesäß und die Beine

Jetzt fehlen noch das Gesäß und die Beine. Zum Anspannen der Oberschenkel und Schienenbeine werden die Fußspitzen hochgezogen und die Fersen in den Boden gepresst. Gleichzeitig spannt der Übende die Gesäßmuskulatur an. Anschließend wird wieder - wie immer - bewusst locker gelassen, entspannt und dem angenehmen Gefühl „nachgelauscht“.

Das Gesicht

Wer will, kann die Muskelübungen auch bei sehr feinen Muskeln einsetzen. Zum Beispiel im Gesicht. Die Anspannung von 10–20 Sekunden lässt sich anwenden, in dem der Übende die Augenbrauen hochzieht, jeweils ein Auge schließt, die Zunge gegen den Gaumen drückt, die Nase kraus zieht, die Lippen fest zusammenpresst mit jeweils folgender

Entspannung. Schließlich können Augenbrauen, Augen, Nase, Zunge und Lippen gemeinsam angespannt und wieder entspannt werden.

Der ganze Körper

Auch bei der Muskelrelaxation gibt es noch eine besonders wirksame Übung, die gegebenenfalls als „Trumpf" eingesetzt werden kann. Dabei handelt es sich um eine Technik, bei der große Teile des Körpers

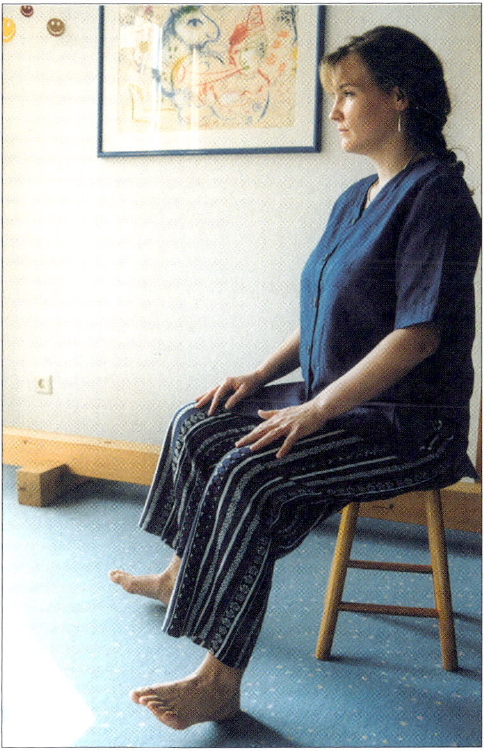

068-fl Abb.: li

◄ *Spannt die Muskulatur der Schienbeine an: das Hochziehen der Zehen* zusammen angespannt werden. Nachteil dieser Übung: Sie ist nicht unbemerkt auszuführen. Sie wirkt aber ausgesprochen schnell und intensiv und lässt sich zum Beispiel einsetzen, um sich in einer extrem schlimmen Angstsituation zu helfen.

Vor oder während eines Fluges kann man dazu zum Beispiel eine Toilette aufsuchen.

Bei der Übung spannt man 10–20 Sekunden mit aller Kraft die Rückenmuskeln an, in dem der Rücken nach vorn gekrümmt wird. Gleichzeitig nimmt der Übende den Kopf zur Brust und ballt beide Hände zu Fäusten. Die angespannten Unterarme werden hochgezogen, bis sie an die nun auch angespannten Oberarmmuskeln stoßen. Der Betroffene spannt die Schultern an und zieht sie hoch. Gleichzeitig gibt der Übende Spannung auf Gesäßmuskeln und Bauchdecke und stemmt beide Fersen in den Boden. Selbst das Gesicht wird mit einbezogen und Augen und Lippen zusammengekniffen, während sich die Nase unter der Anspannung kräuselt. In der sich anschließenden Entspannung ist die Angst wie weggeblasen.

Solche Übungen werden auch von Schauspielern, die unter extrem starken Lampenfieber leiden, als letzte Möglichkeit genutzt, um sich dadurch auf einen kurz bevorstehenden Auftritt vorzubereiten.

Tief Luft holen hilft immer: Atemtechniken

Muskelrelaxation und autogenes Training setzen im wesentlichen bei den Muskeln an, um die Entspannung des Menschen zu erreichen. Zu diesem Ansatz finden Menschen des westlichen Kulturkreises erfahrungsgemäß leichter Zugang als zu Techniken, die dem **Atem** eine wesentliche Bedeutung einräumen. Dieser Ansatz findet sich wiederum vor allem bei Entspannungstechniken, die ihren Ursprung in **Asien** haben. Bei der **Zen-Meditation** oder dem **Yoga** nimmt die Atmung eine zentrale Rolle ein. Auch westliche Menschen können mit Hilfe der Atmung sehr gute Entspannungserfolge erzielen.

Tiefe und flache Atmung

Dass Atmung, Angst und Entspannung in einem engen Zusammenhang miteinander stehen, wird deutlich, wenn man einmal die Atmung von Menschen in entsprechenden Situationen beobachtet. Im ruhigen Zustand atmet der Mensch idealerweise ruhig und gleichmäßig so ein, dass sich der Bauch und Rippen optisch sichtbar mit jedem Atemzug ein wenig nach außen wölben. Im Zustand von Stress und Angst verändert sich die Atmung schlagartig. Sie wird schnell, oberflächlich und auch unregelmäßig. Gleichzeitig atmet man kaum noch in den Bauchraum hinein, dafür heben und senken sich die Schultern und der oberer Brustraum sehr viel stärker.

Atemtechniken

Atemtechniken lassen sich nicht einfach erlernen. Dazu braucht es viel Übung und Geduld. Will man die Atmung als Instrument zur Entspannung in Stresssituationen einsetzen, nutzt man im Prinzip die Kopplung von Angst und schnellem Atem aus und kehrt sie um. Wenn aus Angst und Stress eine schnelle und oberflächliche Atmung resultiert, dann führt eine bewusste ruhige Atmung „in den Bauch hinein" in einer entsprechenden Situation wieder zur Beruhigung.

Und genau das funktioniert auch in der Praxis sehr gut. Voraussetzung ist allerdings, wie schon erwähnt, eine gewisse Vertrautheit mit den Techniken. Diese können im Stehen, Liegen oder auch –

vor allem im Flugzeug sinnvoll – Sitzen ausgeübt werden. Wobei das Sitzen allerdings die ungünstigste Position darstellt, da es den Bauchraum einschränkt und von daher eher ungünstige Voraussetzungen für die Bauchatmung schafft.

Mit den vorgestellten Übungen können die Atemtechniken trainiert werden. Sie dienen aber genauso später im „Ernstfall" dazu, eine Entspannung zu erreichen. Am besten übt man die Techniken zunächst im Liegen.

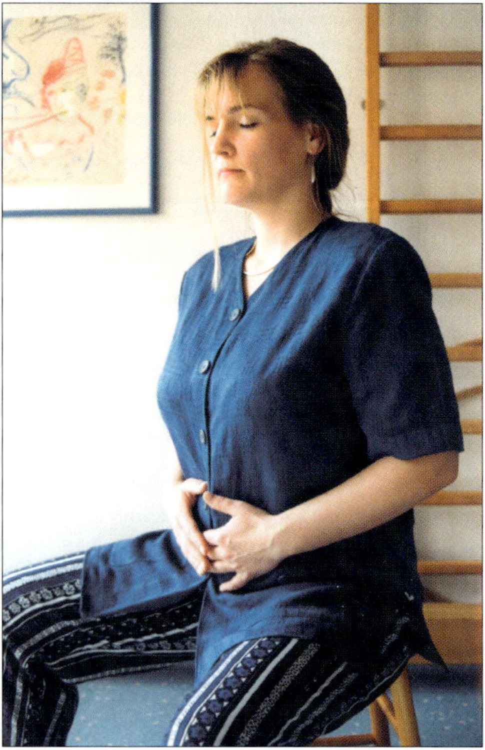

Wer die Hände auf den Bauch legt, kann die Atmung besser spüren.

Erste Atemübung

Die erste Übung dient dem Kennenlernen. Sie ist gleichzeitig sehr entspannend und kann während eines Fluges eingesetzt werden. Dabei atmet man bewusst und gleichmäßig so ein, dass sich der Bauch hebt und senkt, gleichzeitig aber auch die Rippen bei jedem Einatmen nach außen bewegen. Um ein Gespür für die Atmung zu entwickeln, ist es hilfreich, die Hände auf den Bauch zu legen und die Atmung zu „erfühlen“.

Diese Atmung wird als **Vollatmung** bezeichnet. Das Atmen sollte dabei leicht fallen, es darf nicht als anstrengend empfunden werden. Im Idealfall lässt der Übende die Luft einfach fließen. Am besten werden dabei die Augen geschlossen. Die Gedanken sollten – wie beim autogenen Training – frei, ohne jeden Zwang, kommen und gehen, der Trainierende sich wie ein Beobachter, der sich selbst beim Atmen zuschaut, verhalten. Nach einer Weile fließt der Atem wie von selbst. Wer diese Übung zu Hause einen Moment ausprobiert, fühlt sich sehr schnell ruhig und entspannt. Wird die Übung oft genug wiederholt, stellt sich der Zusammenhang zwischen ruhiger Atmung und Entspannung immer schneller her. Sie funktioniert schließlich auch in unruhigen, stressigen Situationen. Das Schöne dabei ist: Die Technik lässt sich überall anwenden, ohne dass irgend jemand davon Notiz nimmt. Der Entspannungseffekt wird deutlicher, wenn man sich bei jedem Einatmen vorstellt, wie frische, klare Kraft in den Körper hineinströmt, während mit jedem Ausatmen verbrauchte Luft, gleichzeitig aber auch verbrauchte Energie, Stress, Sorgen und Ängste aus dem Körper herausfließen.

Die Technik klingt einfach und ist es letztlich auch. Um so mehr überrascht der erzielte – sehr wirkungsvolle – Effekt. In Stress- oder Angstsituationen beginnen fast alle Menschen beinahe automatisch damit, nur noch oberflächlich und schnell zu atmen.

Die Psyche wirkt hierbei auf den Körper. Wer gezielt die Vollatmung einsetzt, beschreitet sehr schnell – vor allem wenn er geübt ist – den umgekehrten Weg und erzielt über die bewusste Ausführung einer Atmung, die für Ruhe und Entspannung steht, einen entsprechenden psychischen Effekt.

Die genannte Technik eignet sich gerade dann, wenn die Angstsituation – wie im Flugzeug – länger andauert, denn sie kann im Prinzip beliebig lange durchgeführt werden.

Sitzposition

Wie schon erwähnt, stellt das Sitzen die schwierigste Körperhaltung dar, um Atemübungen durchzuführen. Gleichzeitig ist es natürlich im Flugzeug die übliche Haltung. Deshalb an dieser Stelle ein Tipp, der das Atmen im Sitzen etwas leichter macht. Das Luftholen geht müheloser, wenn die betreffende Person sich nach vorne beugt und dabei mit Händen oder Oberarmen – je nach Körperproportionen – auf den Oberschenkeln abstützt. Die Beine sollten dabei nicht zusammen, sondern auseinander stehen.

Zweite Atemübung

Das gilt nicht für folgende Atemübung, deren Ausführung auf maximal zwanzig Atemzüge beschränkt sein sollte. Die Technik hat eine sehr starke beruhigende Wirkung und lässt sich bei kurzfristig andauernden, besonders starken Angstsituationen anwenden. Dazu atmet man langsam und gleichmäßig in den Bauch ein. Dabei sollte man langsam ungefähr bis drei zählen. Anschließend hält man die Luft, ebenfalls bis drei zählend, an. Dann atmet man langsam und sehr kontrolliert aus. Dieser Vorgang sollte ungefähr doppelt so lange wie das Einatmen dauern. Ist die Luft ausgeatmet, wird eine kleine Pause gemacht, bis wieder – dabei bis drei zählend – die Einatmung erfolgt.

Wem bei der Übung **schwindelig** wird, muss sie sofort beenden. Diese Regel gilt für alle Atemübungen.

Schon nach wenigen Atemzügen ist die Angst deutlich reduziert, häufig genug zumindest für eine kurze Zeitspanne ganz verschwunden.

▶▶ Diese Haltung erleichtert das Atmen.

Wenn der Geist fliegen lernt: mentales Training

Das **mentale Training** ist eine Technik, die z. B. im **Leistungssport** oft angewandt wird und sich dort sehr bewährt hat. Im Prinzip handelt es sich um eine „Trockenübung“, die die eigentliche Handlung, bei der eine besondere Leistung oder ein bestimmtes Verhalten erzielt werden soll, zuvor gedanklich vorbereitet.

Die Augen geschlossen, ruhig und entspannt, läuft im Kopf der innere Film mit der gewünschten Visualisierung.

Die Vorbereitung sieht so aus, dass der Übende die Situation gedanklich auf eine Art und Weise durchläuft, als befände er sich unmittelbar darin.

Beispiel: Bei einem Tanzkurs wird den Tanzpartnern eine neue Schrittkombination beigebracht. Neben dem normalen Training, bei dem die Schritte geübt werden, gehen die Sportler sie beim mentalen Training wieder und wieder im Kopf durch, was schließlich nachweislich zu einem schnelleren und sichereren Erlernen der Schritte führt. Wichtig dabei ist, sich die Schrittabfolge nicht abstrakt, aus dritter Perspektive vorzustellen, sondern genau so, wie man sie auch beim direkten Ausführen erleben würde.

Das mentale Training kann bei sportlichen Wettkämpfen sehr gut beobachtet werden, wenn die Sportler kurz vor dem Start noch einmal „abschalten" und den zu absolvierenden Wettkampf durchgehen. Beim Üben im Zusammenhang mit Flugangst stellt man sich mental vor, wie man sich in der Angstsituation idealerweise verhalten möchte. Dieses Zielbild sollte möglichst präzise ausfallen.

Mentaler Film

Bei Flugangst darf es sich nicht nur auf die Situation im Flugzeugsitz beziehen, sondern muss sich auf alle angstmachenden Abläufe erstrecken. Der „mentale Film" kann also zum Beispiel beim Einsteigen ins Flugzeug beginnen, über die Wahl des Platzes bis zum Start führen, einen Ausschnitt aus dem Reiseflug umfassen, schließlich die Landung und nach vollbrachtem „Touch down" enden.

In diesem inneren Film sollte der Übende sich selbst so vorstellen, wie er die Situation gerne bewerkstelligen würde. Diese Vorstellung muss zunächst möglichst genau festgelegt werden. Voraussetzung ist außerdem große Realitätsnähe, das heißt, die Visualisierung sollte in einem Rahmen liegen, der von dem Übenden auch tatsächlich in der Realität zu erreichen ist.

Um sich eine entsprechende Vorstellung aufzubauen, kann es hilfreich sein, Menschen zu beobachten, die eine entsprechende Situation bestens bewerkstelligen und deren Vorgehensweise als Vorbild zu nehmen.

Langsam aufbauen

Ideal ist, wenn der Übende nicht gleich die sehr komplexe Flugsituation als erste Übung wählt, sondern vielleicht zunächst mit einer recht banalen Alltagssituation - zum Beispiel den täglichen Arbeitsbeginn im Büro, einen Einkauf beim Bäcker - das Training beginnt und mit zunehmendem Erfolg immer komplexere Situationen auswählt. Bei den Übungen sollte man sich am Anfang noch angstfreie, später dann immer angstbesetztere Situationen vorstellen.

Noch besser aber funktioniert ein Rückgriff auf das eigene Verhalten. Wer Flugangst hat, ist vielleicht in vielen anderen Situationen ein Mensch, der sehr sicher und souverän auftritt. Das Verhalten, das man hier an den Tag legt, kann als Vorbild für das gewünschte, vorgestellte Verhalten in der Flugsituation dienen. In dem „mentalen Film" stellt der Übende sich dann wie schon beschrieben die gefürchtete Situation in der „Ich-Perspektive" vor. Für die Vorstellung der eigenen Person greift man aber nicht auf die bisher üblichen - ängstlichen - Verhaltensmuster zurück, sondern auf ein Verhalten, wie man es selbst in sehr souveränen Situationen an den Tag legt.

Wichtig zum Schluss: Wer die Übung durchgestanden hat und gelandet ist, stellt sich auch vor, wie er sich anschließend fühlt.

Wie bei den anderen Techniken gilt auch beim mentalen Training, dass es oft geübt werden muss, bevor es wirksam funktioniert.

Blütenessenzen bei Flugangst von Anne Rensing

Blütenessenzen sind, aus der Palette der nebenwirkungsfreien Möglichkeiten zur Selbsthilfe, ein bewährtes Mittel, das bei Flugangst helfen kann.

Die IrisFlora Berg Blüten® sind neue Blütenessenzen, die in 15 Jahren Erforschung zusammengestellt wurden. Das Blütenbalsam, eine Mischung aus 7 verschiedenen Blütenessenzen, zeichnet sich durch die wundersamen und schnellen Erfolge in Notfällen aus. Gleich, ob es sich um körperliche oder emotionale Ursachen mit unangenehmen bis schmerzhaften Folgen handelt, Blütenessenzen und speziell das Blütenbalsam haben ein breites Anwendungsgebiet. Notfall ist in diesem Sinne umfassender gemeint. Immer dann, wenn die „Gefühle verrückt spielen", wir uns „aus der Bahn" geworfen fühlen, sei es durch eine Angst machende Situation, Unfälle oder kleine Verletzungen. Dazu gehört auch die Angst vor und beim Fliegen.

Blütenessenzen umfassen nicht nur die physische Ebene, sondern sprechen den ganzen Menschen, mit all seinen Emotionen und Gedanken an, um ihn wieder in einen ausgeglichenen Zustand, in seine Mitte, zu bringen. Eigenschaften wie Ruhe, Gleichmut, Zuversicht und Selbstsicherheit, die in angstvollen Momenten fehlen, werden durch Blütenessenzen wiedererlangt. Jede Blüte gibt eine spezielle, stärkende und positive Information an den Menschen ab. Wie dies genau geschieht, konnte bislang noch nicht erklärt werden. Die Wirkung ist einzig durch die tausendfachen Erfolge belegt und geschieht auf so unschädliche und direkte Weise, dass sich Blütenessenzen sehr gut für die Selbstanwendung eignen.

Die Blütenauszüge sind in Alkohol konserviert erhältlich. In Notfällen oder vor bevorstehenden belastenden Situationen, wie eine Flugreise, werden direkt aus der Vorratsflasche einige Tropfen Blütenbalsam in die Armbeugen oder auf den Puls eingerieben. Dies wird sooft wiederholt, bis die Beschwerden verschwunden sind. Eine einmalige Anwendung kann ausreichend sein, aber auch öfters angewendet, besteht nicht die Gefahr der Überdosierung. Die Konzentrate sind unbegrenzt haltbar und in handelsüblichen Pipettenfläschchen zu 10 ml abgefüllt. Diese Menge reicht für etwa 50 Anwendungen.

Blütenbalsam ist direkt zu beziehen bei:
IrisFlora 54649 Mauel Tel: 06554-1435 Fax: 06554-1522

097-fl Abb.: kw

Anhang

077-fl Abb.: lh

Literaturtipps

• Johannes Heinrich Schultz
„Übungsheft für das autogene Training"

Das Original-Übungsbüchlein von Johannes Heinrich Schultz, dem Begründer des autogenen Trainings, ist trotz der mittlerweile erschienenen umfangreichen Literatur zu diesem Thema immer noch der anschaulichste Ratgeber, wenn es um eine praktische Anleitung zum Üben der Techniken geht.

Georg Thieme Verlag, Stuttgart, 1977, ISBN 3-13-401518-8

• Bernt Hoffmann
„Handbuch des autogenen Trainings"

Sehr viel abstrakter als ein bloßes Übungsbuch vermittelt der Ratgeber umfangreiches Hintergrundwissen zum autogenen Training und geht auch auf die Suggestion sehr umfassend ein.

Deutscher Taschenbuch Verlag, München, 1977,
ISBN 3-423-11045-7

• Frederic Vester
„Phänomen Stress"

Angst ist ein ganz wesentlicher Auslöser von Stress beim Menschen. Von daher vermittelt das Buch von Frederic Vester einen sehr guten Einblick in das Stressgeschehen, der weit über eine Betrachtung von Angst hinausgeht und sich zur vertiefenden Wissensvermittlung eignet. Das Buch ist sehr anschaulich und spannend geschrieben und erläutert, was beim Menschen zu Stress führen kann, wie der Organismus darauf reagiert und wie man langfristig am besten damit umgeht.

Deutscher Taschenbuch Verlag, München, 1984,
ISBN: 3-423-10220-9

• Stanley Steward
„400 t heben ab"

Ein Buch, im dem sehr tiefgehend, dabei aber gleichzeitig auch für Laien verständlich, erklärt wird, wie Flugzeuge funktionieren und der moderne Luftverkehr abgewickelt wird. Einziges Manko: Das Buch gibt nicht mehr den aktuellsten Stand der Flugzeugtechnik wieder. Trotzdem ist es das beste Buch dieser Art auf dem Markt, zumal die Konkurrenzbücher auch nicht wesentlich aktueller sind.

Motorbuch Verlag, Stuttgart, 1991, ISBN 3-613-01271-5

• Stanley Stewart
„Emergency"

Spannende Geschichten aus der Welt der Luftfahrt. Die Begebenheiten sind ausgesprochen unterhaltsam zu lesen, vermitteln gleichzeitig viel Information und „Feeling" der Luftfahrt. Aber Achtung: In allen Berichten kommen kritische Situationen während eines Fluges vor. Diese geben jeweils wirkliche Begebenheiten wieder und – soviel sei schon an dieser Stelle verraten – gehen alle gut aus.

Kösler Verlag, Köln, 1994, ISBN: 3-924208-2

• Frank Littek
„Airliner Cockpits“
Es ist noch gar nicht so lange her, da nutzten viele Passagiere auf Urlaubsflügen gerne einmal die Möglichkeit, während des Fluges bei den Piloten vorbeizuschauen und sich über das Cockpit zu informieren. Diese Möglichkeit besteht seit dem 11. September 2001 nicht mehr. Wer trotzdem gerne einmal einen Blick ins Cockpit moderner Verkehrsmaschinen werfen möchte, sollte sich dieses Buch ansehen. In großen Abbildungen werden die Cockpits der gängigen Verkehrsflugzeuge vorgestellt und die dazugehörigen technischen Systeme für Laien verständlich erklärt.
GeraMond Verlag, München, 2002, ISBN 3-7654-7236-0

• Frank Littek, „Technik und Sicherheit von Passagierflugzeugen“
Wer ganz genau wissen will, wie es um die Sicherheit der gängigen Passagierflugzeuge bestellt ist, kommt an diesem Buch nicht vorbei. Erstmals werden alle Flugzeugtypen ausführlich hinsichtlich ihrer Sicherheit untersucht und vorgestellt. Der Leser erfährt, welche typischen Auffälligkeiten die einzelnen Muster vorzuweisen haben und wie sicher welche Maschine ist. Darüber stellt das Buch zahlreiche sicherheitsrelevante technische Systeme wie TCAS oder EGPWS vor und vermittelt einen umfangreichen Überblick über den aktuellen Stand der Sicherheit im Luftverkehr.
Motorbuch Verlag, Stuttgart, 2003, ISBN 3-613-02282-6

Flugangst-Seminare

Wer unter Flugangst leidet, kann Hilfestellung auch in Seminaren finden, die in vielen Städten Deutschlands zu diesem Thema angeboten werden. Die Veranstaltungen dauern üblicherweise zwei Tage und werden in der Regel an Wochenenden abgehalten. In den Seminaren erhalten die Teilnehmern zum einen grundlegende Informationen über das Fliegen. Ihnen wird erklärt, warum ein Flugzeug fliegt, wie moderne Maschinen gewartet werden und welche Geräusche der Fluggast während des Fluges hören kann. Zum anderen gehen die Veranstalter auf die Psychologie der Flugangst ein und zeigen mögliche Lösungsstrategien auf. Die Seminare finden ihren Abschluss in einem gemeinsamen Flug der Teilnehmer. Die Veranstalter selbst werden natürlich nicht müde, auf den Erfolg ihrer Seminare hinzuweisen. Dabei können sie mit durchaus sehenswerten Zahlen beeindrucken, die in Nachbefragungen der Teilnehmer ermittelt wurden. Demnach berichteten 81 Prozent der Teilnehmer, dass seit dem Veranstaltungsbesuch ihre Flugangst deutlich geringer auftritt. Bei rund 45 Prozent der Befragten ist die Flugangst sogar ganz verschwunden. Wer sich für eine Teilnahme an einem Flugangst-Seminar interessiert, kann sich für weitere Auskünfte an die entsprechenden Anbieter wenden. Diese erteilen auch Informationen darüber, an welchen Wochenenden die Seminare in welcher Stadt angeboten werden.

- **Agentur Texter-Millot,** Hohenstaufenstr. 1, 80801 München, Tel. 089 - 391739
- **Your Consulting,** Seestr. 78/6, 72336 Balingen, Tel. 07433 - 274654

Glossar

Airway
Luftstraße

Arrival
Ankunft

Approach
Landeanflug

APU
Auxillary Power Unit: Hilfsturbine im Heck eines Flugzeuges.

ATC
Air Traffic Control: Flugverkehrskontrolle oder – auf gut deutsch – die Fluglotsen.

Autopilot
Vorrichtung, mit deren Hilfe das Flugzeug automatisch auf einem vorgegebenen Kurs gehalten werden kann.

Baggage Claim
Gepäckausgabe am Flughafen.

Boarding
Einsteigen der Passagiere vor einem Flug.

CAT I, II, III
Bezeichnung auf Flughäfen für die Kategorie der Start- und Landebahnen. Die Nummern geben dabei bestimmte Sichtweiten vor, die bei Benutzung der Bahn mindestens gelten müssen.

Check in
Ausgabe der Bordkarten und Aufgabe des Gepäcks vor dem Abflug.

Departure
Abflug

Descent
Sinkflug. Nach dem Verlassen der Reiseflughöhe beginnt die Besatzung eines Flugzeuges den „Descent“, um den Flugplatz zu erreichen.

DME
Distance Measuring Equipment: Entfernungsmessgerät an Bord der Flugzeuge. Dient der Navigation.

Flaps
Ausfahrbare Klappen an der Rückseite der Tragflächen zur Erhöhung des Auftriebs bei Start und Landung.

Flugfläche
Die Höhe während eines Fluges wird als Flugfläche bezeichnet. Eine Maschine in einer Höhe von 39.000 Fuß fliegt auf Flugfläche 390.

Fly-By-Wire
Bezeichnung für ein Prinzip, bei dem die Steuerbefehle in einem Flugzeug als elektrische Impulse über Drahtleitungen an die Hydraulikmotoren übermittelt werden.

FMS
Flight Management System: Flugführungssystem.

Fuß
übliche Maßeinheit im Luftverkehr. 1 Fuß = 30,48 cm.

g
Maßeinheit für die Erdbeschleunigung.

Galley
Küche in einem Flugzeug.

Gate
Flugsteig. Hier befindet sich der Warteraum für die Passagiere, die nach dem Check-in darauf warten, die Maschine zu besteigen.

GPS
Global Positioning System: satellitengestütztes Navigationsystem.

GPWS
Ground Proximity Warnung System: Bodenannäherungswarnsystem, in der neuesten Ausführung mit dem Zusatz „Enhanced", erweitert, versehen.

Höhenruder
Steuerelement des Flugzeuges, das sich am hinteren Leitwerk befindet.

Holding
Warteschleifen vor der Landung.

ILS
Instrument Landing System: bodengestütztes Instrumenten-Landesystem.

IATA
Internationale Luftverkehrsorganisation, zu der sich weltweit die Fluggesellschaften zusammengeschlossen haben.

ICAO
Vertretung der Regierungen aller am Luftverkehr teilnehmenden Staaten. Eine Unterorganisation der UNO.

IFR
Instrumentenflugregeln

INS/IRS
Trägheitsnavigationssystem. Ein Navigationssystem, das von der Außenwelt unabhängig funktioniert.

Jetstream
Gleichmäßige, sehr starke und beständige Windströmungen, die in großer Höhe anzutreffen sind.

Kerosin
Treibstoff, mit dem moderne Düsen-Verkehrsflugzeuge fliegen.

Knoten
Maßeinheit für Geschwindigkeit im Luftverkehr. Ein Knoten (kn) entspricht einer Seemeile und ist 1,852 km lang. Also:
1 kn = 1,852 km/h;
1 km/h = 0,539 kn

Lounge
Aufenthaltsbereich im Terminal, der – je nach Fluggesellschaft – nur für besondere Passagiere vorgesehen ist.

Luftstraße
Bezeichnung für festgelegte Strecken im Luftraum, die sich in den meisten Fällen an Navigationsfunkfeuern (VOR) orientieren.

Narrow-Body
Bezeichnung für ein Flugzeug mit so genanntem Standardrumpf. In der Passagierkabine gibt es einen Mittelgang, an beiden Seiten zwei bis drei Sitzreihen. Typische Narrow-Bodys sind die Boeing 737 und der Airbus A320.

NDB
Non-directional Beacon: ungerichtetes Funkfeuer, dient der Navigation.

Pax
Bezeichnung für Passagier im Fliegerdeutsch, Mehrzahl: Paxe.

Purser/Purserette
Chef/Chefin der Kabinenbesatzung

Querruder
Steuerelement des Flugzeuges. Es befindet sich an der Hinterkante der Tragflächen und lässt sich durch das Steuerhorn bewegen.

Runway
Start- und Landebahn

Schubumkehr
Vorrichtung an den Triebwerken, durch die ein Teil des erzeugten Schubs nach vorne umgeleitet wird. Dadurch wird ein Bremseffekt erzielt, der bei der Landung bedeutsam ist.

Seitenruder
Steuerelement des Flugzeuges am hinteren Leitwerk.

Slats
Vorflügel. Können an der Vorderseite der Tragflächen zur Erhöhung des Auftriebes während Start und Landung ausgefahren werden.

Spoiler
Luftbremsen, die sich an der Oberfläche der Tragfläche befinden und im Bedarfsfall aufgestellt werden können. Werden auch als Speedbrakes oder Störklappen bezeichnet.

Steward/Stewardess
Flugbegleiter/Flugbegleiterin

Take off
Start eines Flugzeuges

Taxiway
Rollweg auf einem Flughafen

Terminal
Abfertigungsgebäude eines Flughafens

TCAS
Traffic Alert and Collision Avoidance System: Kollisionswarnsystem, bei dem die Computer verschiedener Flugzeuge automatisch miteinander über Funk kommunizieren und im Bedarfsfall die Besatzung optisch und akustisch vor einem möglichen Zusammenstoß warnen.

Touch down
Aufsetzen des Flugzeuges bei der Landung.

Tower
Kontrollturm

Trolleys
Gepäckwagen

Turboprop
Bezeichnung für ein Flugzeug, bei dem Propeller-Turbinen zum Antrieb eingesetzt werden. Trotz des sichtbaren Propellers wird dieser nicht von einem Kolbenmotor, sondern von einer Turbine, ähnlich wie bei einem Düsentriebwerk, nur kleiner, angetrieben. Bei einem Turboprop-Flugzeug dient die Drehung, die in der Turbine erzeugt wird, dazu, über mechanische Verbindungen einen Propeller anzutreiben.

VC
Vereinigung Cockpit: Interessenvertretungs-Verband der deutschen Berufspiloten

VFR
Sichtflugregeln

VOR
Very High Frequency Omnidirectional Radio Range: UKW-Drehfunkfeuer, das am Boden installiert ist. Dient der Navigation im Luftverkehr.

Vorfeld
Bereich vor dem Terminal auf dem Flughafengelände. Hier befinden sich die Parkpositionen der Flugzeuge.

Wide-Body
Bezeichnung für ein Flugzeug mit großem Rumpfdurchmesser. Im Passagierraum gibt es zwei Gänge zwischen den Sitzen. Beispiele: die Boeing 747 oder der Airbus A340.

Anhang

Kauder-welsch!

Die **Sprachführer der Reihe Kauderwelsch** helfen dem Reisenden, wirklich zu sprechen und die Menschen zu verstehen.
Wie wird das gemacht?

- Die **Grammatik** wird in einfacher Sprache so weit erklärt, dass es möglich wird, ohne viel Paukerei mit dem Sprechen zu beginnen, wenn auch nicht gerade druckreif.
- Alle Beispielsätze werden doppelt ins Deutsche übertragen: zum einen **Wort-für-Wort,** zum anderen in "ordentliches" Hochdeutsch. So wird das fremde Sprachsystem sehr gut durchschaubar. Ohne eine Wort-für-Wort-Übersetzung ist es so gut wie unmöglich, einzelne Wörter in einem Satz auszutauschen.
- Die **Autorinnen und Autoren** der Reihe sind Globetrotter, die die Sprache im Lande gelernt haben. Sie wissen daher genau, wie und was die Leute auf der Straße sprechen. Deren Ausdrucksweise ist häufig viel einfacher und direkter als z.B. die Sprache der Literatur. Außer der Sprache vermitteln die Autoren Verhaltenstipps und erklären Besonderheiten des Reiselandes.
- Jeder Band hat 96 bis 160 Seiten. Zu jedem Titel ist **Tonmaterial** (Kassette oder CD-ROM) erhältlich.
- **Kauderwelsch-Sprachführer gibt es für über 90 Sprachen in mehr als 160 Bänden!**

Alle Reiseführer auf einen Blick

Reisehandbücher
Urlaubshandbücher
Reisesachbücher
Rad & Bike

Afrika, Bike-Abenteuer
Afrika, Durch, 2 Bde.
Agadir, Marrakesch und Südmarokko
Ägypten individuell
Alaska ⇗ Canada
Algarve
Algerische Sahara Amrum
Amsterdam
Andalusien
Äqua-Tour
Argentinien, Urug., Parag.
Athen
Äthiopien
Auf nach Asien!

Bahrain
Bali und Lombok
Bali, die Trauminsel
Bali: Ein Paradies ...
Bangkok
Barbados
Barcelona
Berlin
Borkum
Botswana
Bretagne
Budapest
Bulgarien
Burgund

Cabo Verde
Canada West, Alaska
Canadas Ost, USA NO
Chile, Osterinseln
China Manual
Chinas Norden
Chinas Osten
Cornwall
Costa Blanca
Costa Brava
Costa de la Luz
Costa del Sol
Costa Dorada
Costa Rica
Cuba

Dalmatien
Dänemarks Nordseeküste
Dominikanische Republik
Dubai, Emirat

Ecuador, Galapagos
El Hierro
Elsass, Vogesen
England – Süden
Erste Hilfe unterwegs
Europa BikeBuch

Fahrrad-Weltführer
Fehmarn
Florida
Föhr
Fuerteventura

Gardasee
Golf v. Neapel, Kampanien
Gomera
Gran Canaria
Großbritannien
Guatemala

Hamburg
Hawaii
Hollands Nordseeinseln
Honduras
Hongkong, Macau, Kant.

Ibiza, Formentera
Indien – Norden
Indien – Süden
Iran
Irland
Island
Israel, palästinensische Gebiete, Ostsinai
Istrien, Velebit

Jemen
Jordanien
Juist

Kairo, Luxor, Assuan
Kalabrien, Basilikata
Kalifornien, USA SW
Kambodscha
Kamerun
Kanada ⇗ Canada
Kap-Provinz (Südafr.)
Kapverdische Inseln
Kenia
Kerala
Korfu, Ionische Inseln
Krakau, Warschau
Kreta
Kreuzfahrtführer

Ladakh, Zanskar
Langeoog
Lanzarote
La Palma
Laos
Lateinamerika BikeBuch
Libyen
Ligurien
Litauen
Loire, Das Tal der
London

Madagaskar
Madeira
Madrid
Malaysia, Singapur, Brunei
Mallorca
Mallorca, Leben/Arbeiten

Reise Know-How

Mallorca, Wandern auf
Malta
MarokkoMecklenb./
Brandenb.:
Wasserwandern
Mecklenburg-Vorpomm.
Binnenland
Mexiko
Mongolei
Motorradreisen
München
Myanmar

Namibia
Nepal
Neuseeland BikeBuch
New Orleans
New York City
Norderney
Nordfriesische Inseln
Nordseeküste Niedersach.
Nordseeküste Schl.-Holst.
Nordseeinseln, Deutsche
Nordspanien
Normandie

Oman
Ostfriesische Inseln
Ostseeküste MVP
Ostseeküste SLH
Outdoor-Praxis

Panama
Panamericana,
Rad-Abenteuer
Paris
Peru, Bolivien
Phuket
Polens Norden
Prag
Provence
Pyrenäen

Qatar

Rajasthan
Rhodos
Rom
Rügen, Hiddensee

Sächsische Schweiz
Salzburg
San Francisco
Sansibar
Sardinien
Schottland
Schwarzwald – Nord
Schwarzwald – Süd
Schweiz, Liechtenstein
Senegal, Gambia
Singapur
Sizilien
Skandinavien – Norden
Slowenien, Triest
Spaniens Mittelmeerküste
Spiekeroog
Sporaden, Nördliche
Sri Lanka
St. Lucia, St. Vincent,
Grenada
Südafrika
Südnorwegen, Lofoten
Sydney
Sylt
Syrien

Taiwan
Tansania, Sansibar
Teneriffa
Thailand
Thailand – Tauch-
und Strandführer
Thailands Süden
Thüringer Wald
Tokyo
Toscana
Transsib
Trinidad und Tobago
Tschechien
Tunesien
Tunesiens Küste

Uganda, Ruanda
Umbrien
USA/Canada
USA, Gastschüler
USA, Nordosten
USA – der Westen
USA – der Süden
USA – Südwesten,
Natur u. Wandern
USA SW, Kalifornien
Usedom

Venedig
Venezuela
Vereinigte Arab. Emirate
Vietnam

Westafrika – Sahel
Westafrika – Küste
Wien
Wo es keinen Arzt gibt

Edition RKH

Abenteuer Anden
Burma/Myanmar – im
Land der Pagoden
Durchgedreht
Finca auf Mallorca
Geschichten aus dem
anderen Mallorca
Goldene Insel
Mallorca f. Leib u. Seele
Mallorquinische Reise
Please wait to be seated!
Salzkarawane, Die
Schönen Urlaub
Südwärts durch
Lateinamerika
Traumstraße Panamerikana
Unlimited Mileage

Alle Reiseführer auf einen Blick

Praxis

Aktiv Algarve
Aktiv franz. Atlantikküste
Aktiv Gran Canaria
Aktiv Marokko
Aktiv Polen
All Inclusive?
Als Frau allein unterwegs
Bordbuch Südeuropa
Canyoning
Clever buchen/fliegen
Clever kuren
Daoismus erleben
Drogen in Reiseländern
Dschungelwandern
Essbare Früchte Asiens
Fernreisen a. eigene Faust
Fernreisen, eig. Fahrzeug
Fliegen ohne Angst
Fun u. Sport im Schnee
Geolog. Erscheinungen
GPS f. Auto, Motorrad
GPS Outdoor
Heilige Stätten Indiens
Hinduismus erleben
Höhlen erkunden
Inline-Skaten Bodensee
Inline Skating
Internet für die Reise
Islam erleben
Kanu-Handbuch
Kommunikation/unterwegs
Konfuzianismus erleben
Kreuzfahrt-Handbuch
Küstensegeln
Maya-Kultur erleben
Mountain Biking
Mushing/Hundeschlitten
Orientier. Kompass/GPS
Paragliding-Handbuch
Pferdetrekking
Reisefotografie
Reisefotografie digital
Reisen und Schreiben
Respektvoll reisen
Richtig Kartenlesen
Safari-Handbuch Afrika
Schutz v. Gewalt/Kriminal.
Schwanger reisen
Selbstdiagnose u. Behandlung unterwegs
Sicherheit/Bärengeb.
Sicherheit/Meer
Sonne/Wind/Reisewetter
Sprachen lernen/Ausland
Survival-Handbuch Naturkatastrophen
Tauchen kalte Gewässer
Tauchen warme Gewässer
Transsib Moskau-Peking
Trekking-Handbuch
Trekking/Amerika
Trekking/Asien, Afrika
Tropenreisen
Unterkunft/Mietwagen
Verreisen mit Hund
Vulkane besteigen
Wandern im Watt
Wann wohin reisen?
Was kriecht u. krabbelt in den Tropen
Wein-Reiseführer Dtschl.
Wein-Reiseführer Italien
Wildnis-Ausrüstung
Wildnis-Backpacking
Wildnis-Küche
Winterwandern
Wohnmobil-Ausrüstung
Wohnmobil/Indien
Wohnmobil-Reisen
Wracktauchen weltweit

KulturSchock

Afghanistan
Ägypten
Brasilien
China VR/Taiwan
Golf-Emirate, Oman
Indien
Iran
Islam
Japan
Jemen
Leben in fremden Kulturen
Marokko
Mexiko
Pakistan
Russland
Spanien
Thailand
Türkei
Vietnam

Wo man unsere Reiseliteratur bekommt:

Jede Buchhandlung in der BRD, der Schweiz, Österreichs und in den Benelux-Staaten kann unsere Bücher beziehen. Wer trotzdem keine findet, kann alle Bücher über unseren Internet-Shop unter **www.reise-know-how.de** oder **www.reisebuch.de** bestellen.

Mit Reise Know-How ans Ziel

Die Landkarten des world mapping project bieten gute Orientierung – weltweit.

- Moderne Kartengrafik mit Höhenlinien, Höhenangaben und farbigen Höhenschichten
- GPS-Tauglichkeit durch eingezeichnete Längen- und Breitengrade und ab Maßstab 1 : 300.000 zusätzlich durch UTM-Markierungen
- Einheitlich klassifiziertes Straßennetz mit Entfernungsangaben
- Wichtige Sehenswürdigkeiten, herausragende Orientierungspunkte und Badestrände werden durch einprägsame Symbole dargestellt.
- Der ausführliche Ortsindex ermöglicht das schnelle Finden des Ziels.
- Wasser abstoßende Imprägnierung
- Kein störender Pappumschlag, der den behindern würde, der die Karte unterwegs individuell falzen möchte oder sie einfach nur griffbereit in die Jackentasche stecken will

Derzeit rund 90 Titel lieferbar (siehe unter www.reise-know-how.de), z. B.:

Australien	**1 : 4,5 Mio**
Mallorca	**1 : 150.000**
Cuba	**1 : 850.000**

world mapping project
Reise Know-How Verlag, Bielefeld

Register

081-fl Abb.: li

Frank Littek (1962) befasst sich bei seiner Arbeit als Journalist und Buchautor seit mehr als 10 Jahren intensiv mit dem Luftverkehr. Seine Artikel erscheinen in namhaften Zeitungen wie „Die Zeit“, das „Handelsblatt“ oder den „VDI-Nachrichten“. Daneben werden seine Beiträge in Fachmagazinen der Luftfahrt wie „Aero International“ veröffentlicht.

Ein Hauptthema seiner Arbeit ist, schwierige technische Zusammenhänge so darzustellen, dass sie einem breiten Publikum verständlich sind. Frank Littek befindet sich in der glücklichen Lage, keine Flugangst zu haben. Wäre dem nicht so, hätte er die Flüge im Cockpit, die für die Recherche dieses Buches notwendig waren, sicher nicht so leicht überstanden. Trotzdem ist er von dem Thema betroffen. Ein guter Freund leidet unter sehr intensiver Flugangst und hat durch seine Berichte und Erfahrungen zum Gelingen des Buches beigetragen.

Der besondere Dank des Autors geht an Peter Grell (Hapag Lloyd), Stefanie Koall (Deutsche BA), Simone Mc Devitt (Eurowings), Copilot Jochen Höing, Copilot Michael Petry, Capt. Eckhard Jann, Capt. Klaus-Jörg Nitzsche, Capt. Matthäus W. Smodis und an die Krankengymnastin Karoline Höltge.